頭がよくなる!!

なぞなぞ2000

監修　成田奈緒子
作　高橋啓恵、こんのゆみ、ベストリンク・児島勇気

おうちの方へ

なぞなぞで楽しく脳を育てましょう！

知性を育てる「おりこうさん脳」は、1～18歳まで成長し続けますが、6～14歳ごろにその中核期を迎えます。おりこうさん脳を育てるポイントは、無理に勉強をさせることではなく、子どもが自ら興味関心を抱き、思考や探究を深めていくことです。

なぞなぞに取り組むと、集中力や発想力など、さまざまな力が養われるうえ、ご家族やお友だちと問題を解くことで、コミュニケーション力もアップします。こうした脳への刺激は、おりこうさん脳の発達にとっても効果的なのです！

この本を通して、お子さんの「なぜ？」「どうして？」「もっとやりたい！」の気持ちを大切に、楽しみながら脳を育てていきましょう！

発達脳科学者
成田奈緒子先生

こんな力が鍛えられて脳が育つ！

ステージ1のなぞなぞへGO！

1

この食べものは
なーんだ？

2

あんみつの中に
あるこれは
なあに？

3

ずっと
モヤモヤモヤモヤ
している
やさいって？

ヒント

「モヤ」が4回あるワン♪

4

クリはクリでも、
口から何回も
つづけて出てくる
クリって何？

5

元気がないエイにのませるドリンクってなーんだ？

6

これ、なあに？

7

せっかく作っても「ほっとけ〜！」と言われちゃうデザートは？

8

8が3つでできているあまいものってなあに？

9

ひざに
○を書いたら
食べたくなった
ものは何？

10

ちゃんとごみを
もちかえる人が
食べるおやつは
なーんだ？

11

食べた人が
「まぁ！
スカッとした」と
言っちゃう
くだものって？

12

サメが春に
食べるスープって
なあに？

13

この食べものは
なーんだ？

ヒント

「戸」と
「おす」と「戸」が
ならんでるね！

14

あっさりした
あじの
スープに入って
いる貝は？

15

かがみで見ると
水の子になる、
おせちりょうりの
アレって何？

16

2頭のゾウが
お正月に食べて
いるものは
なあに？

17

本当は
昼や夜でも、
朝に
つけたような
つけものは
なーんだ？

18

イカに「す」を
かけたら、
何のあじが
したかな？

19

ところどころ、
点が入っている
食べものって？

20

たいこの上に
めんをのせたら、
からい食べものに
なったよ。
何になったかな？

10〜11ページのこたえ

1 おんせん玉子（おんせん、玉、5）　**2** 白玉（4、ラ、玉）　**3** モヤシ（モヤ、4）
4 しゃっくり　**5** えいようドリンク（エイ用ドリンク）　**6** ごましお（5、ま、4、お）
7 ホットケーキ　**8** はちみつ（8、3つ）

21

ポップなキツネが
食べている
おかしって？

22

食べたら
ミとソとラの
音が聞こえてくる
めんるいは？

23

「シュン…」と
しょげた後に、
「ギクッ！」とする
やさいは何？

24

ほんもの
なのに、
「絵だ！」と
言われちゃう
マメは？

25

毛が2本だけ
生えているような
カニって
なーんだ？

26

Bさんの
すけっとが
食べている
おかしは？

27

天気がわるい日に
空からおちてくる
のは、チョコと
キャンディーの
どっち？

28

ブリの中に
6こ入っている
やさいは？

30

岸で食べるめんるいってなーんだ？

31

水でわるのは水わり。おゆは、おゆわり。「もう1ぱい！」と言うのは何ワリ？

29

マロンの中に「カ」が入ったら、どんなおかしになった？

32

いろんな数字の中から、5をえらぶかんさいべんのやさいって？

33

カカオをさかさまにしたら、おにぎりのぐになったよ。何になった？

35

お母さんが0℃のばしょにおいているものはなあに？

34

お寺でかしてくれるおやつってなーんだ？

12～13ページのこたえ

9 ピザ **10** くずもち（ごみ＝くず、もちかえる） **11** マスカット（まぁ！スカッと） **12** 春雨スープ（春、サメ） **13** トースト **14** アサリ（あっさり） **15** 数の子（数の子の「か」が「み」になると水の子） **16** ぞうに（ゾウ、2） **17** あさづけ **18** スイカ **19** ところてん **20** めんたいこ

36

冬がおわったら
まいて作る
食べものは
なーんだ？

37

サビついていて
ツーンとからい
食べものは
何かな？

38

2つのタルに
入っている
ソースは
なあに？

39

レモンが入った
こうちゃは、レモン
ティー。ミルクは、
ミルクティー。
フォークでまいて
食べるのは？

40

れつはれつでも、
玉子で作る
レツは？

41

にこむとアクが
出るけれど、
口から出る
アクは何？

42

タラコのなかみを
とったら、
何にへんしん
したかな？

ヒント

「タラコ」の文字の、
なかみは「ラ」かな…？

43

みんなにちゅうもく
してもらえないのは
やきギョーザと
むしギョーザの
どっちかな？

44
見ていたら「シッ！」って言われちゃうだんごって？

45
ホッとあんしんした時に、チョコッとのむものはなあに？

46
もちはもちでも、おしりでつくもちってなーんだ？

47
アルミカンに入っているくだものは？

48
お店になくても、すぐにあきらめがつくやさいはなあに？

49
ほしたカキはホシガキ、しぶいのはシブガキ。口をきれいにするのは何ガキ？

50
るすはるすでも、ハンバーガーの中にいるルスってなーんだ？

14～15ページのこたえ

21 ポップコーン　**22** みそラーメン　**23** シュンギク（シュン…、ギクッ！）　**24** エダマメ（絵だ！、マメ）　**25** 毛ガニ（毛が、2）　**26** ビスケット（B、すけっと）　**27** キャンディー（雨→アメ）　**28** ブロッコリー（ブ、6こ、リー）　**29** マカロン　**30** きしめん　**31** おかわり　**32** ゴーヤ（5や！）　**33** おかか　**34** カステラ（かす、寺）　**35** ママレード（ママ、0℃）

51

本当のねんれいよりも、わかく見られたい人がよく食べるものはなーんだ？

52

「そうせぇ！」という字が書いてある食べものは何かな？

53

やさいたちがくらすせかいで、会話が「レ」ばかりのやさいって？

54

パイはパイでも、うめぼしが入っている時に言っちゃうパイは？

55

パイはパイでも、のみものがないとできないのは何パイ？

56

パイはパイでも、かならずひこうきにのっているパイはなあに？

57

じーっとパンを見つめているお花はなーんだ？

58

グミはグミでも、テレビで毎日見られるグミって？

59
「バコッ！」と
いう音が
10回鳴る
しょっきって
なあに？

60
肉が入っている
のは肉まん、
あんこはあんまん。
中にたねが入った
みどりのやさいは
何マン？

61
フードをかぶって
「シー！」と
言っている人が
食べている
カップめんの
あじは？

62
よくかんで
食べるようにと、
めいれいしている
生きものって？

63
子どもがのむと、
「ヒー！」と
さけんじゃう
のみものは
なーんだ？

64
「ごはんは
ちゃんと
たくし！」と
言う人が
よくつかう
のりものは何？

65
日本人から
1文字とったら、
どんなやさいに
なったかな？

16〜17ページのこたえ

36 はるまき（春、まき） **37** ワサビ **38** タルタルソース **39** スパゲッティ **40** オムレツ **41** あくび **42** タコ **43** むしギョーザ（ちゅうもくされない→むしされちゃうから） **44** みたらしだんご（見たら、シッ！、だんご） **45** ホットチョコレート **46** しりもち **47** ミカン（アルミカン） **48** ショウガ（しょうがない） **49** はみがき **50** ピクルス

66

貝が
1000こも
「ドーン!」と
のっている
食べものは
なーんだ?

67

オオカミが
売っているのは、
まめがしと
ふがしの
どっちかな?

ヒント
オオカミの
ことをえいごで
「ウルフ」と
いうワン♪

68

どれを買っても
「ポテッ」とした
形をしているのは、
玉ネギと
ジャガイモの
どっち?

69

マックさんのうちで
出たべんとうは
何べんとう?

70

シュウくんが、
おどりを
まいながら
食べているものは
なあに?

71

1と5をむしたら、
できた
スイーツって?

72

店の中にある
おすしのネタは?

クリア！

73

「ちをさわれない」と言う人が食べるりょうりはイタリアンとフレンチのどっち？

74

きれいに台をふいてから食べるおやつは何？

75

ひこうきでめんばかり食べているきちょうはどんなせいかく？

76

水曜日にゾウが食べるものって？

77

さかさまにしたら、あついきせつになるカンづめのなかみは？

78

いろんなことを知らせてくれる魚って何かな？

79

いつでもおちついている人がのむのは、あつあつスープとれいせいスープのどっち？

ひらめいた！

18〜19ページのこたえ

51 ワカメ（若め） **52** ソーセージ（そうせぇ、字） **53** カイワレダイコン（会話、レ、ダイコン） **54** すっぱい **55** かんぱい **56** パイロット **57** パンジー **58** 番組 **59** じゅうばこ（10、バコッ！） **60** ピーマン **61** シーフードあじ（シー！、フード、あじ） **62** カメ **63** コーヒー（子、ヒー！） **64** タクシー **65** ニンジン（にほんじんから「ほ」をとる）

80

2人の子どもが「あ！」と言いながらのんでいるのは何かな？

81

おすしやさんで「さあ、もんだい！」と言いながら食べるネタって？

82

おみそしるのぐで、ジミーくんが4つ食べたものはなあに？

83

おみそしるのぐで、子どもがなめているのはなーんだ？

84

おみそしるのぐで、10回フーフーしながら食べるのはなーんだ？

85

まん中をのばすと、カーブするやさいは何かな？

86

リンゴをやいたら、中にあらわれたどうぶつって？

ヒント

リンゴをやいたら、「やきリンゴ」になるね！

87

洋館で食べるおかしは、ゼリーとスルメのどっち？

88

ビニール－2

このみもの、なーんだ？

89

ペットはペットでも、のみものが入っているペットって何？

90

友だちをからかってばかりいる子が食べたカレーは、あまくちとからくちのどっち？

91

雨がザーザーザーザーふってくるサラダって？

ヒント

4回「ザー」があるワン♪

92

レストランの中に見えたどうぶつは何かな？

93

タラとバーガーの2つが体についているカニって？

94

魚をさばくのがにがてな人が、よく買うカンづめはなあに？

20～21ページのこたえ

66 かいせんどん(貝、1000、ドーン！) **67** ふがし（オオカミ＝ウルフ→売る、ふ） **68** じゃがいも(ポテッと→ポテト) **69** まくのうちべんとう(マックのうち、べんとう) **70** シューマイ（シュウ、まい） **71** イチゴムース(1、5、むす) **72** トロ(「店」の字の中) **73** フレンチ(ふれん、血) **74** だいふく(台、ふく) **75** きちょうめん **76** ぞうすい(ゾウ、水) **77** ツナ(さかさまに読むと夏) **78** シラス(知らす) **79** れいせいスープ(おちついている＝冷静→冷製、スープ)

95

小さな字で
「ゅ」と書いてある
ちょうみりょうは
なーんだ？

96

イチゴあじや
メロンあじでも、
カキが入っている
夏のおかしって？

97

スパイが「シー！」
と言いながら
食べているのは、
あまくちと
からくちのどっち？

98

食べると
3つのあんが
出てくる
わがしって
なあに？

99

本当は1本でも、
5本のぼうに見える
やさいは何？

100

中にラメが入って
いる、あまくて
小さいおかしは
何かな？

101

だれかに
あまえたい日に、
おすしやさんで
食べるものは？

102

パンの上に
貝をのせて
食べている人が、
海でみにつけて
いるものは何？

クリア！

103
お茶を半分のみながら、食べるりょうりはなーんだ？

104
ちまきの上にはっぱをおいたら、頭にまくものになったよ。何になった？

105
コンブはこぶだし、カツオはかつおだし。プールでいっぱい見かけるのは何ダシ？

106
何回もつづけて言うとクラスになるおかしって？

107
いつでも「ここは夏だよ」と言うきのみは？

108
イスを見つけた時に食べたくなるデザートはなーんだ？

109
正月はかがみもち、こどもの日はかしわもち。100キロのもちをはこべるのは何モチ？

22～23ページのこたえ

80 ココア（子、子、あ！） **81** サーモン（さあ、もんだい！） **82** シジミ（4、ジミー） **83** なめこ（なめ、子） **84** とうふ（10、フー） **85** カブ **86** キリン（やきリンゴ） **87** スルメ（ようかんで＝よくかんで食べるから） **88** ビール（ビニールから2→二を引く） **89** ペットボトル **90** からくち（からかった） **91** シーザーサラダ（4、ザー、サラダ） **92** トラ（レストラン） **93** タラバガニ（タラ、バーガー、2） **94** サバカン（さばかん！）

110

なかなおり
したい時に
めんは
いくつひつよう？

111

いつもおんどが
ピッタリ3℃で
いっちする
食べものって？

112

「まずはこれ」と、
買ったおかしは
おいしかった？
まずかった？

ヒント

まず、
買ったん
だから…

113

4×4＝16
ではなく、
4×4＝10
と言うやさいは
なーんだ？

114

みどりはりょくちゃ、
茶色はこうちゃ。
なかみが黄色くて
かたいのは何チャ？

115

じんじゃに
エールを
おくりながら
のむものは
なあに？

116

ベトナムりょうりの
フォーを食べる時、
おはしのかわりに
何をつかう？

117

さばくにいる
人が食べていた
魚は何かな？

118

上にはパン、下には金がついているやさいはなーんだ？

119

食べると体がとってもかゆくなっちゃうものは？

120

フライはフライでも、あぶらではなく水の中をおよぐのは何フライ？

121

4つのワタでできている、あまいおかしってなあに？

122

食べていると「ドン！」という音が10回するりょうりはなーんだ？

123

しおはしおだれ、ごまはごまだれ。おいしそうなものを見ると出てくるのは何ダレ？

124

シュークリームは外にシューがあるけれど、中にシューが入っているめんるいは？

ヒント

10はえいごで「テン」っていうよね！

24～25ページのこたえ

95 しょうゆ（小、ゆ） **96** かきごおり **97** からくち（スパイ、シー！→スパイシー＝からい） **98** あんみつ（あん、3つ） **99** ゴボウ（5、ぼう） **100** キャラメル（キャ、ラメ、ル） **101** あまエビ（あまえ日） **102** 海パン（貝、パン） **103** チャーハン（茶、半） **104** はちまき（は、ちまき） **105** はだし **106** ラスク（クラスクラスク…） **107** ココナッツ（ここ、夏） **108** アイス（あ、イス！） **109** 力もち

125

しずくがポタ一っと
10回おちる
スープって？

126

シチューの上に
花をうかべたら、
電話がつながらなく
なったのはどうして？

クリア！

127

すきな子ができると、やきたくなくてもやいちゃう食べものは、なーんだ？

128

山のてっぺんで食べるとうふは、何ちょうかな？

129

おすしやさんで、2回つづけて食べるとやせちゃうものってなあに？

130

人の話につなずきながらのむものは？

26～27ページのこたえ

110 5つ（ごめん→5、めん） **111** サンンドイッチ（3℃、いっち） **112** まずかった（まず、買った） **113** シシトウ（4×4＝10） **114** カボチャ **115** ジンジャーエール **116** フォーク（フォー、食う） **117** サバ（さばく→サバ、食う） **118** パンプキン（＝カボチャ） **119** おかゆ（お～、かゆ！） **120** バタフライ（＝およぎ方の１つ） **121** わたがし（ワタが、4） **122** てんどん（10、ドン！） **123** よだれ **124** チャーシューめん

131

「用はないよ」と言われてしまうくだものは何？

132

チーズに〇を書いたら、どんな犬になった？

133

じんじゃにいるのはかみさま。家に来るのはおきゃくさま。しょくじの後に出るのは何さま？

134

シチューはシチューでも、としょかんでがっかりしちゃうシチューって？

135

バンバンたたいてジーッと見ただけでできたりょうりはなあに？

136

おすしやさんでけるとやわらかくなるものってなーんだ？

137

まわりに「カ」がとんでいても、食べはじめると0ひきになるりょうりは？

138

やさいの中でずっとはみがきをサボっているのは何かな？

139
ふとんを
しいたかどうか
すぐにわすれちゃう
キノコは何かな？

140
花のたねを
まいたかどうか
すぐにわすれちゃう
キノコは？

141
まん中にパイが
入っている
黄色い
くだものって？

142
木がすきな
かんさい人が、
よく食べる
りょうりは
なーんだ？

ヒント
「すきだ！」を
かんさいべんで
「すきや！」って
言うみたい♪

143
3回かちたい
時に食べる
パンをつかった
食べものって？

144
キンカンに足すと、
かねの音が
聞こえるのは
何色？

145
お茶をのむのは
ティールーム。
てんじするのは
ショールーム。
キノコは
何ルーム？

28〜29ページのこたえ

125 ポタージュ（ポター、10） **126** 話し中だから（花、シチュー） **127** もち（やきもち） **128** 3ちょう（山頂） **129** ガリ（ガリガリ） **130** ソーダ（そうだ、そうだ）

146

おなかがすいた人と
おなかいっぱいの人が
いるよ。おじぎを
2回したのは
どっち？

147

2まい食べると
ハイテンションで
おどっちゃう
食べものって？

148

パンはパンでも
日本といえば
何パン？

149

点々をとると
どうぶつになる、
2文字の
だいどころにある
ものってなあに？

150

「カリン！」と
いう音が
10回する
おやつは
なーんだ？

151

ピザの下の方にいる
鳥って何かな？

152

セリのまん中に
口をつけたら、
ちがうやさいに
なったよ。
何になった？

ヒント

「口」は
カタカナの「ロ」にも
見えるね…？

153

できあがると、
ちぢんで小さく
なっている
りょうりは？

154
刀をもっているのは「ぶし」だけど、おいしいだしを出すブシは？

155
さまをつけてよぶと、インチキっぽくなるおすしのネタって？

156
3回キスしてから食べるやさいってなーんだ？

157
たくさんの絵がビッチリかいてあるりょうりは何？

158
「す」をふるようにめいれいするスイーツってなあに？

159
小さい時計が入っているのは何ケーキ？

160
ライスがついているチーズって何チーズ？

30〜31ページのこたえ

131 洋ナシ（用なし） **132** マルチーズ **133** ごちそうさま **134** 貸し出し中（かしだしちゅう） **135** バンバンジー **136** トロ（やわらかい→トロ、ける） **137** カレー（カ、0） **138** ハクサイ（歯、くさい） **139** シイタケ（しいたっけ？） **140** マイタケ（まいたっけ？） **141** パパイヤ **142** すきやき（すきや、木） **143** カツサンド（かつ、3度） **144** こん色（キン、コン、カン♪） **145** マッシュルーム

161

おつけものの上の方が生になっているとあらわれるどうぶつは？

162

花をかりたつもりがやさいだったよ。そのやさいは何？

ヒント

お花はえいごで「フラワー」だよ！

163

おなべに入れるざいりょうで、あせをながしている魚は何かな？

164

なかまともめごとをおこさない、へいわなとうふは何ドウフ？

165

こんざつしているたきで食べるのは、何ごはん？

166

ネズミがかまずに食べている丸い食べものはなーんだ？

167

ふえと空手を合わせたらのみたくなったものって？

168
作ったら何日も日もちするのは何なべ？

169
歌手が夏に食べるおつまみってなーんだ？

170
「買って」と字が書いてあるのはモッツァレラチーズとカッテージチーズのどっち？

171
ぶつけてしまったらちくわぶにへんしんした食べものって？

ヒント
「ぶつける」は、「ぶ」を「つける」とも考えられそう…

172
ちょっと古くても「新しい」と言われるめんるいは？

173
ぶんぼうぐ店で売っている赤くて食べられない肉って何かな？

174
あんをたいたらちがう食べものになったよ。何になった？

32〜33ページのこたえ

146おなかがすいた人（ペコペコ） **147**のり（ノリノリ） **148**ジャパン **149**ザル（「゛」をとると、サル） **150**かりんとう（カリン！、10） **151**キジ（生地） **152**セロリ **153**チヂミ **154**かつおぶし **155**イカ（イカサマ） **156**サンチュ（3、チュ） **157**エビチリ（絵、ビッチリ） **158**スフレ（す、ふれ！） **159**ショートケーキ（小、時計、キ） **160**スライスチーズ

175
木の絵をかいたら、
キノコっぽく
なったよ。
どんなキノコ？

176
上にはっぱを
のせると、
おしゃべりを
はじめる
やさいって？

177
5つの目が入っていて
「お～、こわっ！」と
思う食べものは？

178
おもいチラシが
のっている
食べものは？

179
とても大ファンで
人にもおすすめ
したいのは
どんなおすし？

180
のみものの
下にあるスターって
なーんだ？

181
すきな数字を
聞かれると
9とこたえる、
だいどころにある
ものって何？

182
「タンタンタン」
と音がする水って
なあに？

183
2を書いただけでできたりょうりは？

184
「ピ」が1文字だけ書かれているくだものってなーんだ？

185
中に図形が入っているのは何ケーキ？

186
キツネとネコがよく食べるおでんのぐって？

187
カレーを作るよ。玉ネギ、ニンジン、ジャガイモ、さいしょにあらうのは何かな？

188
いつもクリと肉がある、体をなおしてくれるところって？

189
食べて思わず「わ〜、ショック！」と言っちゃうのは、おやこどんとパスタのどっち？

34〜35ページのこたえ

161 ナマケモノ（おつけものの「おつ」を「生」にする） **162** カリフラワー **163** タラ（あせが、タラ〜ッ） **164** もめんどうふ（もめない＝もめん、どうふ） **165** たきこみごはん **166** ちゅうかまん（チュー、かまん） **167** カフェラテ（カ、フエ、ラテ） **168** モツなべ **169** カシューナッツ（歌手、夏） **170** カッテージチーズ（買って〜、字、チーズ） **171** ちくわ（ちくわに「ぶ」をつけたら、ちくわぶ） **172** にゅうめん（新しい＝ニュー、めん） **173** しゅにく **174** たくあん

190

「おいしかった」と
いつもほめてくれる
人がかっているのは
牛と馬のどっち？

191

かんこうする日に、
買ってのむものは
なーんだ？

192

ためいきをついて
「ムカつく〜！」と
言いながら
食べたものって？

193

いつ見ても
ひやしている
とちゅうのような
めんるいって
何かな？

194

しゃしんをとると
みょうな
がぞうになって
しまうやさいは？

195

ダニをついて
たいじしてくれる
食べものって
なーんだ？

196

食べようとして
くっついていたのは
せんべいとクッキー
のどっち？

ヒント

「くっついていた」を、
「クッ」が「ついていた」と
考えれば…

197

食べると
3回たおれるぐらい
おいしい
おかしって？

198

オムライスとちゃわんむしとプリンがあるよ。さいしょに手にとるのは何かな？

199

リンゴジュースの中にかくれている2しゅるいの生きものは何と何？

200

海女さんが夏に食べるくだものってなーんだ？

201

トウモロコシに「す」をかけたらできた食べものはなーんだ？

202

一口食べたら「プルッ」としておろどいたのは、ナシとリンゴのどっち？

203

中にスターが入っているソースってなあに？

204

おふろで「フィ～」とした時に見えるケーキは？

36～37ページのこたえ

175 エノキダケ（絵の木、ダケ） **176** ナス（は、ナス→話す） **177** 五目おこわ **178** ちらしずし（チラシ、ズシッ） **179** おしずし（大ファン＝推し、ずし） **180** コースター **181** きゅうす（9っす！） **182** たんさん水（タン、3、水） **183** 角煮（書く、2） **184** ピーチ（ピ、1） **185** チーズケーキ（チー、図形、キ） **186** こんにゃく（コン、ニャー、食う） **187** 手 **188** クリニック（クリ、肉） **189** おやこどん（わ～、ショック！→和食）

もしかして…！

205

おりょうり
コンテストで
あじが何番だったか
気になる
魚りょうりは？

206

バラの中に
入れると
あまいあじになる
数字はなーんだ？

207

「肉だけど…」と
何かつづきを
言いたそうな
りょうりって？

208

りょうりをする
王さまは
何キング？

209

きゅうな雨が
ふる時に
食べる
スイーツは
何かな？

210

火のしまつを
しないで
ほうっておく人が
のんでいるものは？

211

「力」が上から
ボチャっと
おちてきそうなのは
何スープ？

212

のばすと人の言いなりに
なるのはどんなおすし？

クリア!

213
キザな人が
「みのりの秋だね」と
言って、買ってきた
黒い食べものは?

214
上にヒトデを
のせると
わるぐちっぽく
なっちゃう
くだものって?

215
食べほうだいに行くと
いつものばいくらい
食べるのは
王さまと女王さまの
どっち?

216
のりものよいを
しないように
食べたのは、
白米と玄米の、
どっち?

217
見つけて
「おお!」とさけぶと
せが高くなるのは
「こむぎこ・
かたくりこ・きなこ」
のうちどれ?

218
上にアプリが
ついている
ジャムって
なーんだ?

219
「ここに行くね」と
わたされた紙に
「ば」と1文字だけ
書いてあるよ。
どこに行った?

38〜39ページのこたえ

190 馬(馬、かった→うまかった) **191** カンコーヒー(かんこう、日) **192** ハムカツ(は〜ムカつく〜!→ハムカツ食う) **193** ひやしちゅうか(ひやし中か…) **194** ミョウガ(みょう、画) **195** つくだに(つく、ダニ) **196** クッキー(「クッ」がついているから) **197** バターサンド(バターッ、3度) **198** スプーン **199** リス、ジュゴン **200** アマナツ(海女、夏) **201** スコーン(す、トウモロコシ=コーン) **202** リンゴ(あっ、プルッ→アップル) **203** ウスターソース **204** ミルフィーユ(見る、フィ〜、湯)

220

「す」を何回のんだら
あまいのみものに
なったかな？

221

なぞなぞがすきな人が
食べているのは
アイスクリームと
シュークリームの
どっち？

222

すごくこんでいるところに
行った人がイチゴに
かけたのは何ミルク？

223

ごまだんごの
なかみだけ食べたのは
午前と午後のどっち？

クリア！

224

何だかイラついているくだものは、「ザクロ・ライチ・プラム」のうちどれ？

225

王子さまがあらわれるのは、プリンにどんなちょうみりょうを足した時？

ポップコーンにチョコレート、
キャンディーもあるワン♪

40～41ページのこたえ

205 アジのなんばんづけ（あじ、何番？） **206** 2（バ、2、ラ） **207** 肉じゃが（肉じゃが…） **208** クッキング **209** ワッフル（わっ、ふる！） **210** ホットコーヒー（ほうっとこう、火） **211** カボチャスープ（カ、ボチャッ） **212** いなりずし（のばすと「言いなり」） **213** きざみのり（キザ、みのり） **214** ナシ（ひとでなしになる） **215** 王さま（ばい、キング→バイキング＝食べほうだい） **216** 白米（はかない＝はくまい！） **217** きなこ（おお！きなこ→大きな子） **218** アプリコットジャム **219** 市場（1、ば）

226

なっぱを食べて「まず…」と言っている魚はなーんだ？

227

イカを食べずにどけちゃうのはどこの国の人？

228

おにたいじの時にもっていくといい食べものは？

229

田んぼと土があるところでとれるイモは何イモ？

230

人のことをきらったりしない人が食べるのはあんまんと肉まんのどっち？

231

台を買ったけど、とどかないよ。「台が来ない」ともんくを言うやさいって？

232

男の人たちが地下で2つ食べたものってなあに？

ヒント

「男の人たち」を、えいごで「メン」っていうみたい！

233

おふろから出てきたまごが食べているものって何かな？

234
当番の日に
つかいたくなる
から～い
ちょうみりょうって
なーんだ？

235
口がかたくて
りこうな人が
りょうりで
よくつかう
こなは？

236
ツナの上におくと
みどり色の
やさいになる
あそびどうぐって？

237
イラストに
かいてあったのは
「イチゴ・パイン・キウイ」のうち
どれ？

ヒント
「イラスト」を
「イ」が「ライト」と
考えるワン！

238
モズという鳥が、
クスッとわらい
ながら食べている
すっぱい
ものって？

239
3回かった時に
つかう
ちょうみりょうは
何かな？

240
何でもうまく
こなせる人が
食べるのは、
小さいナスと
大きいナスの
どっち？

42～43ページのこたえ

220 10回（10、す→ジュース） **221** アイスクリーム（すぐにとけるから） **222** コンデンスミルク（混んでんす…） **223** 午後（ごまだんごの「まだん」をとる） **224** ライチ（「イ」「ラ」がついているから） **225** す（プリン、ス→プリンス＝王子）

241
石の中に
入ったカメが
食べているものは
なーんだ?

242
くびわじゃなく
しっぽにひもを
むすばれちゃった
ペットが食べて
いるのは?

243
ふくを
きているのは
天ぷらと
おさしみの
どっち?

ヒント
ふきかえとは、
外国語えいがなどの
セリフを日本語に
さしかえることを
いうワン♪

244
ふきかえを
するせいゆうさんが、
強くおすすめする
やさいって?

245
クリはクリでも
出したらきれいに
なってもどる
クリってなあに?

246
さいしょの文字に
点々をつけると、
ブドウに
へんしんする
スイーツは何?

247
ミとソの音が
聞こえる
パスタりょうりは
何かな?

248
見つけた時に
こわい顔になって
しまうやさいは
なーんだ?

249

1番と2番の人が
ゴーヤを食べる
きょうそうをしたよ。
どっちが
かったかな？

ヒント
1がかった？
2がかった？

250

大豆のカンづめを
買ったつもり
だったのに、
本だったよ。
どんな本？

251

おすしやさんで
うごきのとろい
「カ」がとんで
きたのは
何と何を食べた時？

252

しょうひん名を
見ないで
買ってしまう
やさいは
なーんだ？

253

カニがカツに
へんしんするのは
何月？

254

モナカに入っている
くだものは
「リンゴ・メロン・
レモン」のうち
どれ？

255

後ろをのばすと
おおげさになる
みどり色の
やさいって？

44～45ページのこたえ

226 ナマズ（な、まず…） **227** ジャマイカ（じゃま、イカ） **228** おにぎり（おに、切り） **229** 里イモ（田＋土→里、イモ） **230** 肉まん（にくまない＝にくまん） **231** ダイコン（台、来ん！） **232** メンチカツ（メン、地下、2） **233** ゆで玉子（湯、出た、まご） **234** トウバンジャン（当番じゃん！） **235** かたくりこ（かたく、りこう） **236** こま（コマツナ） **237** キウイ（イがラスト＝さいごにあるから） **238** もずくす（モズ、クスッ） **239** サンショウ（3勝） **240** 小さいナス（こなす→小ナス）

256

くだもののてんじ会で
8さくひん目の
くだものは
なーんだ？

257

いろんな魚の
中から、アジを
えらぶ人が
きている
ふくって？

258

がっきをひく人が
あんまり
食べないのは
どんな肉？

259

「も」が
長くなると、
やさいになるよ。
何になる？

260

おなべの中に
ざいりょうを
なげ入れて
できたのは
何なべ？

261

「カ」を
につけたら
おいしい食べものに
かわったよ。
何になった？

262

プレゼントに
むかないのは
「コロッケ・
フライドポテト・
ハンバーグ」の
うちどれ？

ヒント

あぶらで「あげる」
「あげない」の
ちがいがありそう
だワン♪

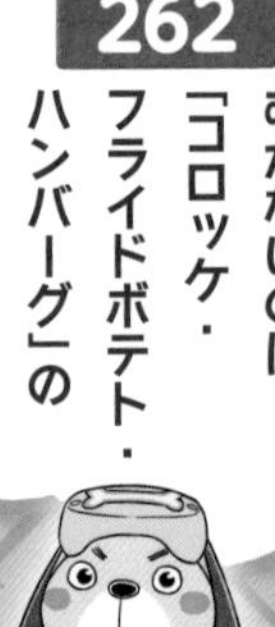

263

どれもあんまり
さがないのは
「サトイモ・
ジャガイモ・
サツマイモ」の
うちどれ？

264
いつどこで
作っても
にているあじに
なるのは、
ステーキと
シチューの
どっち？

265
貝はカレイに、
門はレモンに
かえてしまう
やさいって？

266
にがいものを
食べて、
きもちわるくなった
時にかいたのは
どんな絵かな？

267
どうしても
気になるのは
リンゴと
ジャガイモの
どっち？

268
いいものを
買ったけど
人には
言えなかったよ。
肉と魚の
どっち？

269
ウインクばかり
する人がすきな
ごはんは、
かためと
やわらかめの
どっち？

270
あついものに
いきをふきかけて
さましているのは
「パパとママ」、
「兄と妹」の
どっちかな？

ヒント
ちがう言い方を
すると「ふうふ」
と「きょうだい」
だね！

46〜47ページのこたえ

241 イカめし（い、カメ、し） **242** おむすび（しっぽ＝お、むすび） **243** 天ぷら（きるもの＝ころもがついている） **244** フキ（ふきかえ→フキ、買え） **245** クリーニング **246** クレープ（「゛」をつけるとグレープ＝ブドウになる） **247** ミートソースパスタ **248** ニラ（ニラ見つけた→にらみつけた） **249** 2番（2がかった→にがかった） **250** 大ずかん（大豆、カン） **251** トロ、イカ（とろい、カ） **252** ミズナ（見ず、名） **253** 2月（「ニ」が「ツ」になった） **254** レモン（モナカ→「モ」が中に入っているから） **255** オオバ（オーバー＝おおげさ）

271

1を足すと
エンジンに
なるやさいって
なーんだ？

272

中にぐを
入れわすれたのは
「グラタン・
コロッケ・
イカリング」の
うちどれ？

ヒント

「グ」がない
ものをさがせば
いいんだね！

273

くさったお肉
から出てきた
こわいものって
なあに？

274

いちどしんで
しまった
ゾンビたちも
食べたがる魚は？

275

レトルトの
カレーを
食べていたら、
聞こえてきたのは
どんな鳥の
鳴き声？

276

「ボロいものなど
ないよ」と
言う人が食べる、
パスタりょうりの
しゅるいは
何かな？

277

「上は明日」と
いうあんごうが
書かれている
おかしって？

クリア!　チャレンジ!

278
カボスをボトルに入れたままわすれていたら、どうなった?

ヒント
「ボトル」だから、「ボ」をとればいいの!?

279
山の上でさけんだらスイカがとんできたよ。スイカは大きい? 小さい?

280
「ゆ」につかっている貝は、わらってる? それともおこってる?

281
かわいた魚のりょうりはアユとマグロのどっち?

282
ひかえめでつつましい人がもっているちょうみりょうはたぶん何らしい?

283
カンにきつく入っているのは、オレンジジュースとバナナジュースのどっち?

284
ポーチをもっている玉子りょうりってなーんだ?

48〜49ページのこたえ

256 ハッサク（8作）　**257** ジャージ（じゃ、アジ！）　**258** ひき肉（ひきにくい！）　**259** 長イモ（長い、も）　**260** とうにゅうなべ（なげ入れる＝とうにゅう、なべ）　**261** カニ（カに「に」をつけた）　**262** ハンバーグ（あぶらであげないから）　**263** ジャガイモ（「さ」がないから）　**264** シチュー（煮ているから）　**265** レタス（レ、足す）　**266** にがお絵（にが！ オエッ！）　**267** リンゴ（木になるから）　**268** 肉（言いにくかった→いい肉買った）　**269** かため（ウインクはかた目）　**270** パパとママ（ふうふ→フーフー）

285

「わたしとボール
あそびをしよう」と
さそってくる
おかずって？

286

これから船で
しゅっぱつする
人たちは、
何の魚で
おいわいする？

287

まどはまどでも、
のみものをまぜる
マドって
なあに？

288

買った魚を
かえしたら、
なおりかけの
かぜが
ひどくなったよ。
その魚は何かな？

289

テイクアウトなら
買えるという
食べものって
なーんだ？

290

やっと名前を
つけてもらった
ペットが
食べている
ものは何？

291

やいている時、
しっぱいして
こがしたのは、
イカとタコの
どっち？

ヒント

こがしたは
「こが下」と
考えるワン♪

292

おいしい
からあげが
できた時、
手をたたく？
それとも
手をあげる？

293
あるやさいがなかったから、やさいのつめ合わせをおくらなかったよ。そのやさいは？

294
出前がとどいた時に、いっしょにいたどうぶつってなーんだ？

295
お店でいつも買いそうになるのは、とうふとワカメのどっち？

296
ミックスジュースを作る時、くだものを何しゅるい入れたらおいしくできた？

ヒント
「ジューシー」にできたみたい♪

297
ちょうじゅな牛のステーキはおいしい？それともまずい？

298
きゃくでいっぱいの人気ラーメン店にならんでいたら、出たのはせきとはな水のどっち？

299
マメをなげたら、頭の右と左のどっちにくっついたかな？

50〜51ページのこたえ

271 ニンジン（二に1を足すと「エ」） **272** コロッケ（「グ」がないから） **273** おに（くさった→「く」がさった→おにくから「く」をとる） **274** シシャモ（ゾンビ＝死者も） **275** カラス（レトルト→「レ」をとる→カレーから「レ」をとると「カー」） **276** ボロネーゼ（ボロ、ねーぜ） **277** ウエハース（うえはあす） **278** カスになった（カボスの「ボ」をとる） **279** 小さい（こだま→小玉） **280** わらってる（湯、貝→ゆかい） **281** アユ（かわいた→川、いた→アユは川魚だから） **282** 塩（しおらしい） **283** オレンジジュース（カン、きつく→かんきつ） **284** ポーチドエッグ

300

「立ったらあげる」と
言われたりょうりは
なーんだ？

301

これからもちを
つくという時に
食べる、
丸い食べものは？

302

バンジージャンプを
する時、
合図をしてくれる
マメって？

303

クチナシの花を
さかさまにしたら
どんな食べものに
なったかな？

304

本当はくだもの
なのに、自分は
「おかしだ」と
言うのは何？

305

ゆっくりと
こおって
いきそうなのは
どんなサラダ？

306

かきごおりやさんで
なかったら
こまるのみものは
何かな？

ヒント

こおらなかったら、
こまるね！

307

せきをゆずらない
人が、もっている
くだものと花は
何と何？

308
中に「わ」を入れると、まいごにならないちょうみりょうはなあに？

309
りょうりのにおいがしなくなるのは、いくつのおわんに入れた時？

310
のばして言うと、お店がしまっちゃうちょうみりょうは、なーんだ？

311
人にものをかす時、オドオドしてへんなたいどになるのは、ごまとのりのどっち？

312
じゅくで半分食べるのはどんな玉子？

313
おうざにかがやいた人たちのしょくじ会で、つかわれるおさらは小さい？　大きい？

314
おなかがすくと食べたくなるのはふくとくつのどっち？

52〜53ページのこたえ

285 ミートボール（わたしと＝meと、ボール） **286** フナ（船出→フナで） **287** マドラー（＝のみものをまぜる時につかうぼうのこと） **288** ブリ（ぶりかえした） **289** もち（テイクアウト＝もち帰る→もち買える） **290** ナゲット（名、もらう＝ゲット） **291** タコ（こがした→コが下） **292** 手をあげる（あげた手→あげたて） **293** オクラ（おくらない） **294** トド（とどいた→トド、いた） **295** ワカメ（買いそう→海そう） **296** 14しゅるい（14→ジューシー） **297** おいしい（ちょうじゅ、牛→ちょうジューシーだから） **298** せき（せき、こんでいた） **299** 左（「頭」の字の左に豆がある）

315
おいしくても口に入れた後に出してすてる食べものは？

316
手をたたく音がするケーキってなーんだ？

317
点々をとるとほうってしまう3文字のだいどころにあるものって？

318
何にでも本気でとりくむ子が、きなこの上においたものは何？

319
よびかけるとへんじをする、カンづめに入っているくだものはなあに？

320
さんづけしてよぶと自分がもっているすべてのお金にかわってしまう食べものって？

321
森のすぐ近くで食べるめんるいってなーんだ？

322
日食の時に見えることがあるくだものは？

食べもののボーナスもんだい

とちゅうのなぞなぞをといて、正しいこたえをえらんでゴールしよう！

323

324

スタート
おすしやさんで
どうしてもねだんが
気になっちゃうのはどっち？
かれらがイスの上で
食べているのはどっち？
ゴール

※「食べもののボーナスもんだい」のこたえは、318ページにあるよ。

54～56ページのこたえ

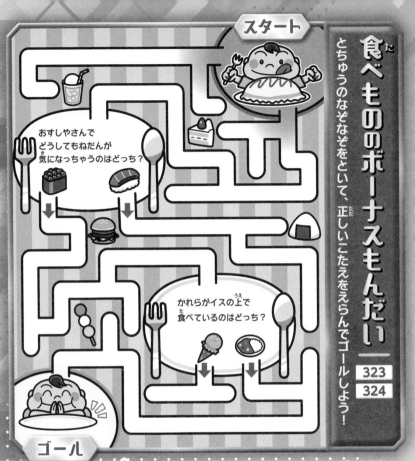

300 たつたあげ（立った、あげる） **301** つくね（おもちをつくね！） **302** らっかせい（落下せい！） **303** シナチク **304** カシス（かしっす！） **305** コールスロー（こおる、ゆっくり＝スロー） **306** コーラ（こおらないとこまる） **307** ユズ、ラン **308** マヨネーズ（まよ「わ」ねえ、ず） **309** 2こ（におわん→2、おわん） **310** くろず（お店がしまる＝クローズ） **311** ごま（ごまかすから） **312** 半じゅく玉子 **313** 大きい（おうざ、ら→大皿） **314** ふく（空腹→食う、ふく） **315** ガム **316** パンケーキ **317** ボウル（ほうる） **318** 本（本気な子→本、きなこ） **319** 黄桃（応答） **320** ぜんざい（ぜんざい、さん→全財産＝自分がもっているすべてのお金） **321** もりそば **322** キンカン（金環日食）

ステージ2

生きもののなぞなぞ

325

1羽でも3羽でも
みんなから2羽と
言われてしまう鳥って
なーんだ?

326

さむくなくても
ブルッとふるえている
犬は?

327

いつもわらっている
おサルさんって
どんなサル?

ヒント
「た」がないね

328

「ちってと」という
どうぶつはなあに?

329

貝をひっくりかえしたら
足がたくさん生えたよ。
何になった?

330

ダラダラしている
けものって
どんなケモノ?

331

おだんごを
見ないふりをする
虫って何のこと?

332
ぞうきばやしにいるどうぶつは？

333
この虫なーんだ？

334
トランクの中にいる強そうな生きものって？

335
かぜを引いていないのにいつもせきをしているのは？

ヒント
コン、コンというせきが出るから…

336

「リラリラリラリラ」これなあに？

337

「水水水」と言って土の中でかくれんぼしている生きものは？

338

いつもおこりながら鳴いているどうぶつは？

59ページのこたえ

325 ニワトリ（2羽、鳥）　**326** ブルドッグ（ブルッ、犬=ドッグ）　**327** ヒヒ
328 タヌキ（「た」ぬき）　**329** イカ　**330** ナマケモノ　**331** ダンゴムシ（だんご、むし）

339
「ままま」という魚は？

ヒント
「ま」が3つだワン！

340
おすしがすきなのは日本人。ウサギがすきなのは何ジン？

341
ハリセンをもっていて、まんざいがとくいそうな魚は？

342
「かきくけこ」にかくれているのはどんな虫？

343
この鳥なーんだ？

344
見ると家に帰りたくなる生きものは？

345
おしばいが
できなくても
いつもぶたいの
上にいる
どうぶつは？

346
あぶらが
ついている
虫って
何のこと？

347
しまうのが
とくいな
どうぶつは？

348
せんたくが
上手な
クマって
どんなクマ？

349
おいしいもの
を食べると
会える、
足がはやい
どうぶつは？

350
カバンに
かくれている
どうぶつは？

351
まっ黒な羽で
夜空を
とび回る森って
どんなモリ？

60〜61ページのこたえ

332 ゾウ（ぞうきばやし） **333** アカトンボ（赤、戸、ンボ） **334** トラ（トランク）
335 キツネ **336** ゴリラ（5、リラ） **337** ミミズ（3、水） **338** 牛（モ〜）

352
「ババババ」という犬のしゅるいって？

353
ガとチョウがくっついた鳥ってなあに？

354
はりをもっているきけんなスズメはどんなスズメ？

355
ドアのかげにかくれている生きものはなあに？

356
上にアブをのせているセミって？

357
ハトの間に線を引いたらどんな形になったかな？

358
夏の夜におしりを光らせてとぶタルってどんなタル？

359
ミミズが9ひきあつまったら何という鳥にへんしんした？

360
土の中にいて、ごはんを食べない時でもモグモグしているのはなーんだ？

361
家をかりて生活しているうみべの生きものは？

362
羽と足が生えていて、目もついているノコギリってなあに？

363
上にのったらみんなに楽をさせてくれるどうぶつは？

364
さかだちしたらシワシワになってしまった鳥の名前は？

365
9時になった時計を見ておどろいた、大きなおよぐ生きものって何？

366
空にあがったり海の中にいたりする子ってどんなコ？

62〜63ページのこたえ

339 サンマ（3、ま） **340** ニンジン **341** ハリセンボン **342** カ（かきくけこ） **343** 白鳥（はく、チョウ） **344** カエル（帰る） **345** ブタ（ぶたい） **346** アブラムシ **347** シマウマ **348** アライグマ **349** 馬（うまっ！） **350** カバ（カバン） **351** コウモリ

367

上半分はハム、
下半分は
お星さま。
小さくてかわいい
ぼくはだあれ？

368

「大が多いですか!?」
と気になって
聞いてしまう
イカって
どんなイカ？

369

さかだちしたら
どろぼう
しちゃう小さな
どうぶつは？

370

ヒツジの
頭とおしりを
くっつけたら
見えてきたのは、
体のどのぶぶん？

371

イモリが
もっている
食べものって
なーんだ？

372

おイモが
くっついている
虫ってなあに？

373

ウサギとカメ、
のみものを
もっているのは
どっち？

ヒント
シュワシュワの
あのたんさんだね！

374

シカとカモが
合体したら、
ちがうしゅるいの
どうぶつに
なったよ。
どんなどうぶつ？

375
さかだちしても見た目がちっともかわらない鳥は？

376
大人のネコと子どものネコ、さかさまになってもへいきなのはどっち？

なんもんだ…

377
丸くてきれいな音を鳴らすどうぐをもっているのは、スズメとツバメのどっちかな？

378
頭じゃなくておしりの方にかみがあって、ほえるどうぶつはなーんだ？

379
山じゃなくて海にいるシカってどんなシカ？

380
カメレオンが頭にのせているのは何かな？

381
わっかを2つもっていて、大きな口がチャームポイント。これなーんだ？

64～65ページのこたえ

352 しば犬（4、バ、犬） **353** ガチョウ **354** スズメバチ **355** トカゲ（戸、かげ） **356** アブラゼミ **357** ハート **358** ホタル **359** ミミズク（ミミズ、9） **360** モグラ **361** ヤドカリ（家＝やど、かり） **362** ノコギリクワガタ **363** ラクダ（楽だ） **364** ワシ **365** クジラ（9時だ！） **366** タコ

382

リスなのに
虫のなかまだよ。
どんなリス？

383

近くにいても
来てほしいと
よんでしまう
魚って？

384

夏にうるさく
鳴いている、
羽のついた
「ミ」って
どんなミ？

385

「カ」が何びき
あつまると
ハサミをもてる
ようになる？

386

いつも時間の
ことを考えて
いる鳥って
何のこと？

387

人やものが
上にのっても
だいじょうぶな
ペットってどんな
ペット？

388

どうぶつが入って
いない、つめたい
オリって何？

389

ペットの犬や
ネコにプレゼント
する、食べられない
ビワってなあに？

クリア!

390
おなかにまりをかくしている、しっぽの大きな生きものは?

391
けがをしていなくても、子どもの時だけコブがついている生きものは?

392
サバイバルでえらそうにしている魚は何?

393
りょうりする時にかつやくするブタはどんなブタ?

394
よっぱらってしまいそうな魚ってなあに?

395
アゲハチョウにかくれているのはどんな虫?

396
赤しんごうでもおうだん歩道をわたってしまうわるい虫ってなーんだ?

66〜67ページのこたえ

367 ハムスター(ハム、星=スター) **368** ダイオウイカ(大、多いか!?) **369** リス(さかさまに読むとスリ=どろぼう) **370** ひじ(ヒツジ) **371** イモ(イモリ) **372** イモムシ **373** カメ(こうら→コーラがあるから) **374** カモシカ **375** キツツキ(さかさまに読んでもキツツキ) **376** 子どものネコ(子ネコはさかさまに読んでも子ネコ) **377** スズメ(すずをもっている) **378** オオカミ **379** アシカ **380** カメ(カメレオン) **381** ワニ(わ、2)

397

「ヒグマ・
ホッキョクグマ・
ツキノワグマ」の
中で、角をもって
いるのはどれ？

398

ブタが食べたら
レースで
ゆうしょうする
食べものは？

ヒント

豚はトンとも
読むんだよ！

399

自分いがいの
だれかが
やって来ると
いなくなる鳥って
どんなトリ？

400

子どもが
ぶら下がって
いるヘビって
なあに？

401

しずかにして
ほしいサイって
どんなサイ？

402

口をつけたら
鳴き出す
生きものって
なーんだ？

403

犬やネコは足に
お肉をいくつ
もっている？

404
小さなお金を
もっている
虫ってなあに?

405
食べられる
タテって
どんなタテ?

406
ハヤブサが
いるばしょって
どーこだ?

407
スーパーに
ならんでいる、
いろいろな
しゅるいの
サイって
どんなサイ?

408
空の中を
とんでいる
虫ってなーんだ?

409
海にいる星形の
生きものが
もっていた文字は
何と何?

410
わるさばかりして
てんしから
きらわれる
クマって
どんなクマ?

68～69ページのこたえ

382 キリギリス **383** コイ(来い!) **384** セミ **385** 2ひき(カ、2→カニ) **386** トキ(時) **387** カーペット **388** こおり **389** くびわ **390** シマリス **391** 子ブタ(コブタ) **392** サバ(サバ、いばる) **393** なべぶた **394** サケ(酒) **395** ハチ(アゲハチョウ) **396** しんごうむし

411

バッタの中で
1番えらいのは
どんなバッタ？

412

どうぶつから
生えている文字は
「あいうえお」の
中のどれ？

413

頭にモモを
のせて上手に
木の上を
とび回っている
どうぶつは？

414

キュウカン
チョウが
9つもっている
ようきって
なあに？

415

赤いみをして
いるのに
みんなから
「まっ黒だね」と
言われる魚は？

416

首も足も
長くて走るのが
とくいな
チョウって？

417

「アザラシ・
ペンギン・
シロクマ」のうち、
頭をつかうと
字が書けそう
なのは？

418

ジャイアント
パンダが
もち歩いている
2文字の
あまい食べものは
なーんだ？

ヒント
字を書く時に
ひつようなもの
といえば…

419
ヌメヌメ
していて、
当たり外れが
ないクジって
どんなクジ？

420
ずっと
会えなくて
ようやく会えた
ブリは？

421
ブタが入ると
いねむり
しちゃう
あなって
どーこだ？

422
糸を
あやつって
手で作る鳥って
どんなトリ？

423
「うんちしてる
んじゃ！」と
えらそうに
している
生きものって？

424
なめると
とっても
しょっぱい
あじがする
トンボは？

425
おしろの門の
ところで
とんでいるのは
どんなチョウ？

70〜71ページのこたえ

397 ツキノワグマ（ツキノワグマ） **398** トンカツ（ブタ＝トン、勝つ） **399** 一人 **400** コブラ（子、ぶら） **401** うるさい **402** 鳥（鳴く→口＋鳥） **403** 9つ（にくきゅう→肉、9） **404** コガネムシ（小、金、虫） **405** ホタテ **406** やぶ（ハヤブサ） **407** やさい **408** ハエ（「空」の漢字の中にハ、エ） **409** 「ひ」と「で」（ヒトデ） **410** あくま

426

もうふをきた
「ののの」と
いう虫って
なーんだ？

427

田んぼの
西の方を
さがしたら
出てきた
貝って？

428

小川や池の中で
「ザリザリ」
言っている
生きものは？

429

じめんにいても
「高い！」と
みんなに
言われる鳥って
なーんだ？

430

ふくをきて
いなくても
マントを
みにつけている
どうぶつは？

431

小さな体で
おわんの船に
のっておにを
たいじする牛って
どんなウシ？

432

チリンと
夏に鳴るのは
ふうりん。では、
首が長いのは
何リン？

433

いつも水の中に
いて、かみの毛を
とかせない
くしって
どんなクシ？

434
毛を見ても知らんぷりする毛むくじゃらの生きものは?

435
赤でも白でも黒でも、金になるのでおどろく魚は?

436
オナラをしたらやって来るサイってどんなサイ?

437
すずできれいな音色を聞かせてくれる秋の虫は?

438
3つあつまるとふるえる生きものってなーんだ?

439
頭の上がもえていてもへいきなクマは?

440
かいしゃいんの男の人がしごとの時によくつかうタイって?

72〜73ページのこたえ

411 トノサマバッタ **412** お(お=しっぽが生えているから) **413** モモンガ **414** カン(9、カシ、鳥) **415** マグロ(まっ黒) **416** ダチョウ **417** ペンギン(頭にペンがついているから) **418** あん(ジャイアントパンダ) **419** ナメクジ **420** ひさしぶり **421** トンネル(ブタ=トン、ねる) **422** あやとり **423** 大蛇(大じゃ!→大きいヘビ) **424** シオカラトンボ **425** モンシロチョウ(門、城、チョウ)

441

ダイヤやハートを
もっている四角い
トラって何のこと？

442

高い音は高音、
ひくい音は低音、
すごく大きな音はばく音。
では、ゾウが出す音は
何オン？

443

数字の9が
どうしてもすきになれない
と言いはっている
どうぶつは？

クリア！

444

小と大はあっても中はなくて、みどりっぽいのに青といわれるヘビって？

445

木の上にのるとふしぎなことが7つもおこる、かくれんぼがとくいな虫って？

446

こんちゅうずかんに2ひきのどうぶつがかくれているよ。何と何？

ジャングルでマコトを見つけたよ！
トラも見えたワン！

74〜75ページのこたえ

426 ミノムシ（3、の、虫） **427** タニシ（田、西） **428** ザリガニ（ザリが2） **429** タカ（高っ！） **430** マントヒヒ **431** いっすんぼうし **432** キリン **433** オタマジャクシ **434** ケムシ（毛、むし） **435** 金魚（金、ギョッ！） **436** くさい **437** スズムシ **438** 鳥（鳥、プルッ→トリプル） **439** ヒグマ（火、クマ） **440** ネクタイ

447
足が生えていて、みんなからいやがられてしまう茶色や黒色のブリって何のこと？

448
頭にアザがある海の生きものは？

449
短くてふわふわなのはうぶ毛、クルクルなのはくせ毛。海でユラユラしているのは何ゲ？

450
ブタがつかってたたかうと、わるものにもかてるどうぐは？

451
ニワトリの上にあってのぼれないさかってどんなサカ？

452
来てくれてもすぐに立ちさってしまうどうぶつは？

453
何もないばしょでも、すべってころんでしまう鳥って？

ヒント
ころぶ時のようすだから…

454
点が10こもついている、とっても小さな虫ってなあに？

455
ゆうきを
出せない人の
心にすんでいるのは
どんな虫？

456
ヤギが10回鳴いたら
きゅうに
いなくなったよ。
どうしてかな？

457
「ジミジミ
ジミジミ」
この生きもの
なーんだ？

458
王さまがいる家を
のせている
アリって？

459
さむいところから
やって来たのは
どんなキツネ？

460
点をとったら
きることができる
魚がいるよ。
何のこと？

461
海の中を
およいでいる、
オレンジと
白のクマって
なーんだ？

76〜77ページのこたえ

441 トランプ **442** パオ〜ン！ **443** スカンク（好かん！、9） **444** アオダイショウ（青、大、小） **445** ナナフシ（7、ふしぎ） **446** キツネとネズミ（コン、チュウ、ずかん）

462
夏によく見る
虫で、アメを
もっているのは
なあに？

463
いたをひっくり
かえしたら
出てきた
赤い生きものは？

464
カブトムシは
何のやさいを
もっている？

465
さかだちして
自分のことを
「オイラ」と
言っている強い
どうぶつは？

466
いつも
うんちを
している
魚は？

467
甲子園球場に
かならずいる
どうぶつは？

468
ウーパー
ルーパーが
みにつけている
ほうせきって？

469
「ヘラが
ほしいんです！」と
ねだってくる
大きな
カブトムシって？

ひらめいた！

470
雨が上がると
いなくなる
鳥って
どんなトリ？

471
「カ」に点を
つけたらもっと
大きな虫に
なったよ。
何の虫になった？

472
かんだ後に
のこるのは
はがた。春の後の
きせつに見るのは
何ガタ？

473
アルファベットの
1文字目を
言える海の
生きものは？

474
パンを
見つけて
うれしそうに
しているのは
何？

475
火のとなりに
いる黄色い
生きものって
なあに？

476
2ひきならぶと
めんどくさそうに
だらけている
魚は？

78～79ページのこたえ

447 ゴキブリ **448** アザラシ **449** クラゲ **450** トンカチ（ブタ＝トン、勝ち） **451** トサカ **452** サル **453** ツル（ツルッ！） **454** テントウムシ（点、10、虫） **455** 弱虫 **456** とうめい（10、メェー）になったから **457** シジミ（4、ジミ） **458** シロアリ（城、アリ） **459** キタキツネ（北・来た、キツネ） **460** フグ（点をとるとフク→服） **461** クマノミ

477
メガネをかけて
ザルをもって
いるのは
なーんだ？

478
羽が生えた
まっ白な
昼って
どんなヒル？

479
西にある木の
まわりを
およいでいる
のはどんな魚？

480
目をまもって
いるブタって
どんなブタ？

481
ちっともからく
ないのに
からいと
言われて
しまう魚は？

482
あぶらの
中にいる
虫って
なあに？

483
海辺で
ひろえる
もようって？

ヒント
もようのことを
「がら」ともいうよ！

484
たまごを
生んでいる
カメって
どんなカメ？

485

1ぴきしかいなくても8ぴきに見えるのは何という虫？

486

2時になるとふえる魚ってなあに？

487

頭の上にのせてもちっともおもくない牛は？

ヒント

ふえる…？増すってことだね！

488

すごいのうりょくをもっている人がかっているのは「チョウ・クモ・ハチ」のうちどれ？

489

あまいのはあまグリ、イガがあるのはイガグリ、海の中にいるのは何グリ？

490

「いいな〜！」と5回言ったらあらわれる生きものは？

491

やきゅうせんしゅがふり回している黒い生きものってなあに？

80〜81ページのこたえ

462 アメンボ **463** タイ **464** カブ（カブトムシ） **465** ライオン **466** ブリ（ブリッ！） **467** 子牛（甲子園球場） **468** パール（ウーパールーパー） **469** ヘラクレスオオカブト（ヘラ、くれっス！、オオカブト） **470** 雨やどり **471** ガ **472** クワガタ **473** エイ（A） **474** パンダ（パンだ！） **475** ヒヨコ（火、横） **476** タラ

492

シャツの
まん中にいる
エビって何？

ヒント

シャツの
まん中を
とめるものは…

493

「さ、なの
かな？」と
考えている
生きものは？

494

頭の中で
思いうかべると
あらわれる
ゾウって
どんなゾウ？

495

夜ふかしした人の
顔に2頭
あらわれる
どうぶつは？

496

空がとべて
きれいに鳴く、
すわれない
イスは？

497

ひれをピラッと
なびかせて、ニヤッと
きばをむき出しに
しているきけんな
魚ってなあに？

498

しゃべらなくても
「むむむ」と
おこっている
小さな生きものは？

499
パンダじゃない
のにどんな時も
ササをもっている
どうぶつは？

500
そりを引ける
貝って
どんなカイ？

501
けがをして
いなくても
「ち」が出て
いたがっている
足のはやい
どうぶつは？

502
海の魚たちが
みんなで
きょうそう！
ゆうしょうした
のはだれ？

503
カンをつけて
いる大きな
くちばしの
鳥ってなあに？

504
レインコートの
中にかくれていた
生きものは？

505
レースでゆうしょう
したら1ちゃく、
海の岩にはりついて
いるのは何チャク？

82〜83ページのこたえ

477 メガネザル **478** アヒル **479** ニシキゴイ（西、木、コイ） **480** まぶた **481** カレイ（かれぇ〜！） **482** アブ（あぶら） **483** 貝がら **484** ウミガメ（生み、カメ） **485** ハチ **486** ニジマス（2時、ふえる＝ます） **487** ぼうし **488** チョウ（ちょうのうりょく） **489** ハマグリ **490** イナゴ（いーな！、5） **491** コウモリ（＝英語でバット）

506

ラメが
ついている
ひらべったい
魚って？

507

さかだち
するとかるい
生きものって？

508

1万回も
ボ～ッと
しながら海を
ただよっている
生きものは？

509

点をつけたら
足としっぽが
生えるのは
「大・中・小」の
うちどれ？

510

カマキリが
もっている、
火をつける
ためのものは
なーんだ？

511

日本人に多い
魚ってなあに？

512

とっても小さい
のに、中くらいの
大きさがだいすきな
生きものは？

513

トンビの下で
さかさまに
なっている、
とうめいな
入れものって
なーんだ？

514

「サル・ゴリラ・チンパンジー」の中で、きれいなお花をもっているのはどれ？

515

海のそこに5つあなをほっている生きものは？

516

やきゅうで、たまをうつ人のまわりにいる虫ってなーんだ？

517

アイアイが2つもっている色って何色？

518

オカピがいつもいる、小高くなっているところはどこ？

519

かさをさして人をだます鳥ってなあに？

520

およぐと、なみでおしろをながしてしまうくらい大きなクジラって何のこと？

84〜85ページのこたえ

492 ボタンエビ **493** 魚（「さ」かな？） **494** そうぞう **495** クマ **496** ウグイス **497** ピラニア **498** 虫（む、4） **499** ムササビ **500** トナカイ **501** チーター（血、いたっ！） **502** カツオ（勝つお！） **503** ペリカン **504** インコ（レイン・コート） **505** イソギンチャク

521

羽が生えて
しぜんの中を
とび回っている
おにって？

522

まん中に
線を引いたら
おばあさんに
なってしまう
どうぶつは？

523

ムクッと
おき上がる
鳥って
どんなトリ？

524

花の中に
家をたてたら
やって来た
生きものは？

525

コウノトリが
かくしているのは
どんなぶんぼうぐ
かな？

526

ホトトギスが2つ
もっている、
あけたり
しめたりする
ものってなあに？

527

学校でならう、
りょうりや
さいほうをする
イカってどんな
イカ？

ヒント
5年生と6年生が
ならうイカらしいよ！

528

ハタを2つ
もっていると
やって来る
魚は？

529

海の上を
とんでいるのは
どんなネコ？

530

あついものが
食べられない人の
口にすんでいる
どうぶつは？

531

貝というのに
虫のなかまで、
大人でも「子」と
よばれるのは
なあに？

532

まち合わせ
ばしょに
いつもいる
虫は？

533

犬とネコでボートに
のった時、
こがなかったのは
どっち？

534

テストで
100点が
とれるゴリラって
どんなゴリラ？

535

さかだちすると
アリが出てくる
鳥って何？

86〜87ページのこたえ

506 ヒラメ **507** イルカ（さかさまに読むとかるい） **508** マンボウ（1万＝マン、ボ〜ッ） **509** 大（点をつけると「犬」になるから） **510** まき（カマキリ） **511** スズキ **512** ネズミ（チュー→中） **513** ビン（さかさまに読むとピント） **514** チンパンジー（パンジーをもっているから） **515** アナゴ（あな、5） **516** バッタ（たまをうつ人＝バッター） **517** あい色 **518** おか（オカピ） **519** カササギ **520** シロナガスクジラ（城、ながす、クジラ）

536

「おとしちゃ
え～！」と
楽しそうに
しゃべっている
生きものは？

537

はいしゃさんに
行くと会える
どうぶつって
なーんだ？

538

しんが2つ
入っていても
おいしく
食べられる
魚は？

539

アリクイの
おなかの中で
さかさまに
なっている
茶色いものは？

540

「ごはんは
しっかりかんで
食べなさい！」と
ちゅういしてくる
くさい虫は？

541

ハムスターと
モルモット、
エサをかむのが
たいへんそう
なのはどっち？

542

人がたくさん
いるところに
やって来る
鳥って何？

543

おなかを
かくしたら
どこから見ても
うらになるのは
何のたまご？

544
うがいで
かわいそうに
なる生きものって
なあに?

545
小学生が
毎日行く
ばしょにいる
鳥って
なーんだ?

546
色の白い
クマが
すきな
きょくって
どんなキョク?

547
日本の川を
およぐ
わなって
どんなワナ?

548
トリケラ
トプスの上を
とんでいる
生きものって
なあに?

549
みんなから
ばかにされて
しまう鳥は?

550
大草原にいても
まわりに海が
ありそうなのは
ライオンとトラの
どっち?

88〜89ページのこたえ

521 オニヤンマ **522** ロバ(ローバ→ろうば=おばあさん) **523** ムクドリ **524** ハイエナ(は、家、な) **525** のり(コウノトリ) **526** 戸(ホトトギス) **527** かていか **528** ハタハタ **529** ウミネコ **530** ネコ(ネコじた) **531** カイコ(貝、子) **532** マツムシ **533** 犬(こがなかった→「コ」がなかった) **534** マウンテンゴリラ(100点=まんてん、ゴリラ) **535** カナリア(さかさまに読むとアリナカ)

551
むかしのお金を
もっている
サメって
どんなサメ？

552
りくを走れないけれど、
水の中をおよげる
黒いバスってなーんだ？

せんすいかんで
すすむワン！
こんどは海に
もぐったよ！

553
くちばしが
生えていて、
およぐのがとくいな
ハシって何？

554
ニホンザリガニとアメリカザリガニ、どっちがおしゃれさん？

555
海の中をじゆうにおよぐ細長いつぼってどんなツボ？

556
お金をためるのがとくいなのはカニとタコのどっち？

90〜91ページのこたえ

536 オットセイ（おっとせ〜い！） **537** シカ（はいしゃ＝しか） **538** ニシン（2、しん） **539** クリ（アリクイ） **540** カメムシ（かめ！ 虫） **541** モルモット（「ハ」→歯がないから） **542** コンドル（こんでいる→こんどる！） **543** ウズラ **544** カワウソ（「う」が「い」になる→かわうそう） **545** カッコウ（学校） **546** ほっきょく **547** イワナ **548** 鳥（トリケラトプス） **549** アホウドリ **550** トラ（シマ→島があるから）

557

どんなものでも
「かまなくちゃ」と
よくかんで
食べる鳥は？

558

フラミンゴは
どんな音を
もっている？

559

まねをしてくる
ネコがすんで
いるのは「海・
山・とかい」の
どれ？

560

人が歩くときは
1歩、2歩。
ゴリラは何ホ？

561

ならべかえると
「5時クリア」と
なる虫って
なーんだ？

562

新聞を読むのが
すきな鳥って
なあに？

563

1万回も
おなかが
鳴っている
どうぶつって？

ヒント
おなかがすくと
グーッ！と
鳴るよね

564

ドリルを
1万こも
もっている
サルって？

クリア！

565
たんじょうびが
くると
数がふえる
生きものって
なあに？

566
クリスマスに
アメリカで
よく食べられる、
とべないチョウって
どんなチョウ？

567
カーテンの
ところで
10回鳴いている
生きものは何？

568
四角い入れものの
形をした魚って
なーんだ？

569
「ミー」と言う
けれどネコでは
ない。これって
いったいどんな
キャット？

570
「40才に
なってからだよ！」
と言っている
鳥は？

571
2頭ならぶと
エサを
たくさん食べる
どうぶつは？

92〜93ページのこたえ

551 コバンザメ **552** ブラックバス（黒＝ブラック、バス） **553** カモノハシ **554** アメリカザリガニ（かざりをつけているから） **555** ウツボ **556** カニ（ちょきん！がとくいだから）

572
びようしさんにあこがれている虫は？

573
1羽でも8羽になる鳥ってどんなトリ？

574
ペットをきれいにしてくれる人が「まぁ～」と言うのは「犬・ネコ・鳥」のどーれだ？

575
ブタとイノシシ、大きくてかたい「キ」をもっているのはどっち？

576
頭とおしりが9つあって、とってもはでな鳥ってなあに？

577
大阪の人に「ちがうよ」と言われてしまう犬は？

578
おとしよりに「どうぞ」とせきをゆずってくれる、ニョロニョロとした生きものって？

579
岩が4つあるところにあらわれる魚ってなあに？

580
うそつきな人がふいている貝はどんなカイ？

581
犬やネコはオスにもメスにもあるのに、人間は男の人にしか見ないものは？

582
何かをあげたりもらったりする鳥ってどんなトリ？

583
「見ないよ！」と大きな声で2回も言っている虫は？

584
何かを食べたら口の中にいた魚って？

585
止まっている時でも「はやい！」と言われる虫ってなーんだ？

586
チワワとけいさつ犬、さむそうなのはどっちかな？

94〜95ページのこたえ

557 カモ（かもう！） **558** ラとミ（フラミンゴ） **559** 山（ヤマネコ） **560** ウホッ！ **561** アリジゴク **562** キジ（記事） **563** マングース（1万＝マン、グーッ！、ス） **564** マンドリル（1万＝マン、ドリル） **565** サイ（1才ふえる） **566** シチメンチョウ **567** カラス（カー、10） **568** マス **569** ミーアキャット **570** シジュウカラ（40＝しじゅう、から） **571** バク

587
鳥が生活するために
ひつような
ちょうみりょうは？

588
キバが生えていて、
海をおよげる大きな
うちってどんなウチ？

589
つくえの上に
コップをおいたら
あらわれた、
小さなどうぶつは
なあに？

590
春にやって来て
秋ごろにいなくなる
目ってどんなメ？

591
ナミの中にある線を
1本引っこぬいたら
あらわれる、とっても
小さな生きものは？

592
何色でも黒になる、
ハムスターが2つ
もっているものは？

593
遠くにとばせるぶきを
もっているのは
ヤギとヒツジのどっち？

ヒント
とばせるってことは、角や
ひづめのことではないワン！

594
大食いの人は、
クモをのみこんだ
鳥のことはすき？
きらい？

595
絵をかく
ひらべったい
牛ってなーんだ？

596
べんきょうしなくても
テストで100点を
とれるサイって
どんなサイ？

597
ロウソクの
かげに
かくれている
虫は何？

598
道の間につばを
おとしたら
とんできた
虫ってなあに？

599
すぐに
ないちゃう人の
心にすんでいる
虫ってどんなムシ？

600
うつくしいものを
見た時に
あらわれる鳥って
どんなトリ？

601
水分がたくさん
あるところにいる
鳥ってどんなトリ？

96〜97ページのこたえ

572 カミキリムシ **573** ハチドリ **574** 鳥（鳥、まぁ〜＝トリマー） **575** イノシシ（キバをもっているから） **576** クジャク（9、ジャ、9） **577** チャウチャウ **578** ドジョウ（ど〜じょ〜） **579** イワシ（岩、4） **580** ホラガイ **581** ひげ **582** やりとり **583** ミンミンゼミ（見ん見んゼミ） **584** アジ **585** ハエ（はえ〜） **586** チワワ（「け」→毛がないから）

602
しゃべらないようにちゅういしているカニってどんなカニ？

603
カップラーメンができるのは3分。チョウの羽から出るのは何プン？

604
しっぱいしたカエルがいるのは「村・山・町・海」のうち、どーこだ？

ヒント
村にいたら村ガエル。山にいたら…

605
白黒で、海をおよげる「ち」ってどんなチ？

606
なかまの中から1ぴきだけえらばれたヒョウの大きさは「大・中・小」のどれ？

607
じんじゃの入り口にいる生きものは何？

608
夏のはじまりによく見る、きみどり色のカバってどんなカバ？

609
りゅうがありそうなアリってどんなアリ？

610
石でできているゾウって何？

611
気づいたらすぎさってしまう、とっても早い馬ってなーんだ？

612
きょうりゅうを見つけられるくつってなあに？

613
かいてんしながら空をとび、じめんにおちていくのはどんなトンボ？

614
しょくぶつじゃないのに「め」が出て、いつもだいすきなおうちといっしょにいる生きものは？

615
かんしんして話を聞いてくれる夜ふかしな鳥ってなあに？

98～99ページのこたえ

587 酢（巣） **588** セイウチ **589** 小鳥（コトリ…） **590** ツバメ **591** ノミ（「ナ」から１本ぬくと「ノ」になる） **592** ほおぶくろ **593** ヤギ（「ヤ」→矢をもっている） **594** すき（とクモり→特盛りになるから） **595** 画用紙 **596** 天才・秀才 **597** カゲロウ **598** ミツバチ **599** なき虫 **600** うっとり **601** しっとり

616

「ドブネズミ・
ハリネズミ・
ハツカネズミ」のうち、
羽をかくしもっている
のは何と何？

617

上にかさがあるのに
海の中でずぶぬれに
なっている
生きものは？

618

うなじゅうに
のっている、
４本足の
どうぶつって
なあに？

619

足としっぽが
生えていて、
ほとんどが
みどり色の
あなって
どんなアナ？

620

食べると
体がすけて
とうめい人間に
なれそうな
魚は？

621

ドッグといっても
犬じゃなく、
ネズミに
ているのは？

622

うごいて
音は聞こえても、
においはしない
ゾウってなあに？

623

上が金で下がクマ、
かたてにのる
くらい小さな
生きものは？

624
あくまを見ないふりをする、どくをもった生きものは？

625
あみものが上手で1ぴきでも9ひきになる虫は？

626
つきあたる道は丁字路、分かれ道はY字路。では、丸くなるのは何ジロ？

627
コアラがだいすきなかりってなーんだ？

628
頭にゴマがついていてさむいところにいる生きものって？

629
タイを見つけてびっくりしている、キバの生えたシマシマの生きものは？

630
おおむかしの生きものがかしてほしがるものは「木・花・草」のどーれだ？

100〜101ページのこたえ

602 しずかに **603** りんぷん **604** 町（町、ガエル→まちがえる） **605** シャチ **606** 大（代表→大、ヒョウ） **607** 鳥（入り口にはとりいがある） **608** わかば **609** わけあり **610** せきぞう **611** あっという間 **612** はっくつ **613** 竹トンボ **614** カタツムリ **615** フクロウ（ホーホー→ほうほう）

631

イモムシを
上にのせる時に
気をつけないと
いけない文字は
「あいうえお」の
どれかな？

632

犬の大きさに
合わせて
「大・中・小」と
サイズがかわる、
するどい「ぶき」は
なあに？

633

オオカミが
さけびたくなるほど
だいすきな絵って
どんなエ？

634

エビをあげたら
エビフライだけど、
チョウは
何フライになる？

635

いじけている人の
ところに2ひきいる
虫ってなーんだ？

636

お花やさんには
なくて、どうぶつ園
で見られる
毛むくじゃらの
バラって
どんなバラ？

637

オランウータンが
もっている、
明かりをともす
ものってなあに？

ヒント
キャンプなどで
つかうね！

638

べつじんかと
思うほど
すてきになった
カエルがいた
ばしょはどこ？

639
ウニに1を足したら、「上・下・右・左」のどこに行く？

640
「来よう」って言うと来てくれるどうぶつは？

641
絵がにがてな人でもいっしゅんでかけるどうぶつってなあに？

642
1ぴきでも計算すると16ぴきになる、ジャングルの王は何？

643
ヘビのまわりに6こあるのは「あいうえお」のどれかな？

644
アヒルや白鳥の足についているくだものってなーんだ？

645
ひらがなやカタカナのまわりをブーンととびまわっている虫は？

102〜103ページのこたえ

616 ハリネズミとハツカネズミ（「ハ」と「ネ」があるから） 617 クラゲ 618 カバ（うなぎのかばやき） 619 イグアナ 620 スケソウダラ（スケトウダラ） 621 プレーリードッグ 622 えいぞう 623 キンクマハムスター 624 マムシ（あくま＝魔、むし） 625 クモ（9、モ） 626 アルマジロ 627 ユーカリ 628 ゴマフアザラシ 629 トラ（タイが！→タイガー） 630 木（かせ！ 木→かせき）

646
鳥についている点の数はいくつ？

647
絵をプレゼントしたらよく考えてくれる生きものは？

648
アリに一を足したらいつになる？

649
さかだちすると頭の色が6にかわるブタって何？

650
体に角がついていて、おしりが5つもあるふしぎな海の生きものは？

651
マジシャンがてじなをする時につかう鳥の数はいくつ？

652
アメリカのイルカがもっているお金のしゅるいは「円・ドル・ユーロ」のどれ？

653
この本の3章を見て「うお〜！」とびっくりしている生きものは？

生きもののボーナスもんだい

とちゅうのなぞなぞをといてゴールをめざそう！

654
655

スタート
空からふってくる
つめたい
どうぶつは？
スパイだとわかって
びっくりした
虫って？
ゴール

※「生きもののボーナスもんだい」のこたえは、318 ページにあるよ。

104～106ページのこたえ

631 い（イモムシ＝ようちゅう→「い」をつけると「ようちゅうい」になるから） **632** けん（大がた犬、中がた犬、小がた犬） **633** とおぼえ **634** バタフライ（チョウは英語でバタフライ） **635** ウジ（うじうじする） **636** カピバラ **637** ランタン（オランウータン） **638** 道（道、カエル→みちがえる） **639** 上（ウ「二」に１を足すとウ「エ」になる） **640** コヨーテ（来よう！ テ） **641** テン（点） **642** ライオン（ライオン＝シシ→４×４＝16） **643** う（う、６こ→ウロコ） **644** カキ（水かき） **645** カナブン（かな、ブーン） **646** ４つ（鳥の漢字には点が４つある） **647** カンガルー（カンガえルー） **648** 朝（ア「リ」に一を足すとア「サ」になる） **649** クロブタ（６→クロ、ブタ） **650** タツノオトシゴ（タツノオトシ、５） **651** ９羽（トリック→鳥、９） **652** ドル（イルカは英語でドルフィン） **653** サンショウウオ（３章、うお～！）

ステージ3
学校のなぞなぞ

656

夏休みの後に
やってくる
がっきって?

657

自分のクラスの
先生って何人?

658

いつも
ノートの下に
かくしてつかう
ものって?

659

先生が
じゅぎょう中に
くばるプリンって
どんなプリン?

660

じゅぎょうが
おわると出てくる
かごって
どんなカゴ?

661

小学校の上の方に
あるやさいは
なーんだ?

662

きゅうしょくを
食べる前にだく、
木でできた
ものって何?

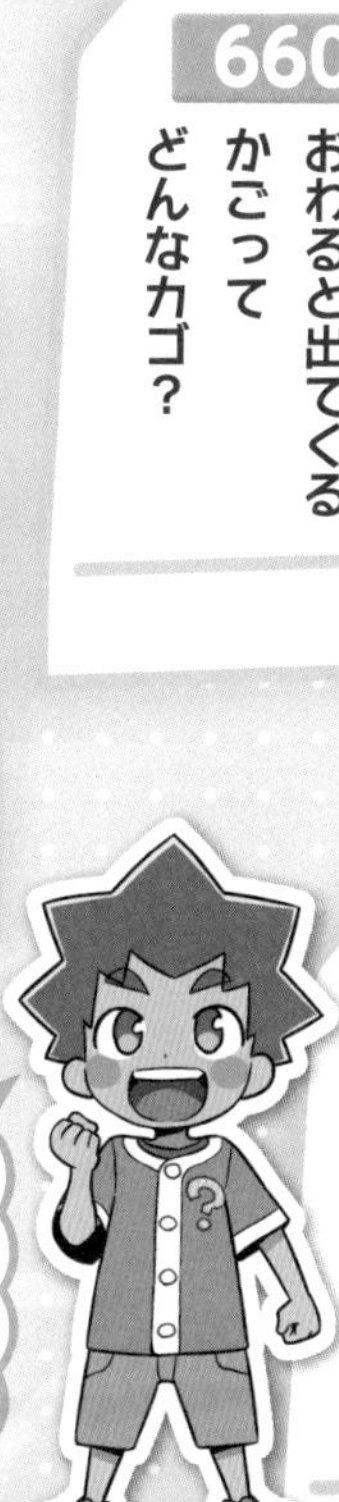

ヒント

きゅうしょくを
食べる前に、
何て言うかな?

663

白いはと黒いはで
音をかなでる
ものってなーんだ？

664

2人で一人前。
いろいろなものを
まっぷたつにする
ものってなあに？

665

算数の時間に
引くのは引き算。
国語の時間に
引くのは何かな？

666

ズルして
100点を
とった子が
走っていったのは
どっち？

ヒント

ズルしたら、100点は
むこう（とりけしになる
こと）になっちゃうワン♪

667

足で行って
おしりで帰ってくる
ものって?

668

あなをあける時に
つかう、算数や国語
でもやるものって、
なーんだ?

669

けいじばんに
絵を
かざるために
つかったのは
何びょう?

109ページのこたえ

656 2がっき　657 たんにん　658 下じき　659 プリント　660 ほうかご
661 ショウガ（しょうがっこう）　662 いた（いただきます→いた、だく）

670

書きまちがえる
たびに
小さくなっていく
ものって何？

671

のむと先生に
おこられちゃう
ジュースって
なーんだ？

672

学校のルールで
作られた
どうろって
なあに？

ヒント
学校のルールの
ことを「こうそく」
というよ！

673

きゅうしょくの
おみそしるの中に
いるカメって
どんなカメ？

674

上に行くほど
小さくなる、
体育でつかう
はこって？

675

いろいろな形に
なるけれど、
つかむのが
むずかしいものは？

クリア！ / / / / / / / / / /

676
じゅぎょう中に
たまに出てしまう
くびって
どんなクビ？

677
ネズミが通って
いる学校って
なあに？

678
こげばこぐほど
上に行くものって
何かな？

679
音楽の時間に
歌ったらとても
ふあんになったよ。
どんな歌？

ヒント
とてもふあんに
なることを
「どうようする」
ともいうワン！

680
いそいでいる
数字って
なーんだ？

681
いいことをしたら
みんなから
たたかれた!?
どうして？

682
牛は牛でも
学校にいる
牛って
どんなウシ？

110〜111ページのこたえ

663 ピアノやオルガンなどのけんばんがっき **664** ハサミ **665** 国語じてん **666** 向こう（無効） **667** すべり台 **668** ドリル **669** がびょう

683

音楽会の
えんそう中に
1人だけ後ろを
むいている人って
だれかな？

684

教室のそうじで
つかう、
きれいにする
ためのきんって
どんなキン？

685

体育の時間に
かくものって
なあに？

686

鳥は鳥でも
ごみをあつめる
鳥って
どんなトリ？

687

クモがさかだち
していたのって、
何曜日の
じゅぎょう？

688

むずかしい
もんだいを
とく時につかう
みそって？

689

きゅうしょくの時、
たまに出てくる
けものって
どんなケモノ？

690

学校の入り口に
ぶら下がっている
ケーキって
なーんだ？

691
教室のまどを
しっかりしめても
入ってきてしまう
ものって何？

692
たたくと
われてしまいそうな、
音楽会でつかう
がっきって？

693
学校を休んだ日に
出るせきって
どんなセキ？

694
後ろに
下がった方がかつ
うんどう会の
しゅもくって？

695
つくえに
ついている
だしって
どんなダシ？

696
ひらいて
つかうのに、
さしてつかうと
いわれるものって
なーんだ？

697
そろばんの
中にいる
どうぶつって
何かな？

112〜113ページのこたえ

670 けしゴム　671 コーラ（こら！）　672 高速どうろ（校則、どうろ）　673 ワカメ　674 とびばこ　675 えきたい　676 あくび　677 中学校（チュウ、学校）　678 ブランコ　679 童謡（動揺）　680 9（急だから）　681 はくしゅされたから（手をたたいた）　682 きょうし

698

トランポリンの上にのっているどうぶつは？

699

学校でみんながこけてしまいそうなのはどの教室？

700

1年生の頭にのっている黄色い牛ってどんなウシ？

701

学校で点を2つとったら出てくる鳥はなーんだ？

ヒント

字をまちがうことを「ごじ」っていうワン♪

702

かんじのドリルをやったらまちがいだらけ。何時にやったから？

703

みんながほしがる、図工でつかうどうぐってなあに？

704

かけるとつかえて、わるとつかえないものって？

705

教室にかくれているどうぶつってなーんだ？

クリア！ / / / / / / / / /

706
キツネのテストってどんなテスト？

707
うんどう会で頭に8回まくものってなーんだ？

708
教室にある、「え」がくっついているものって何かな？

709
うんどう会やマラソン大会でつかうテープってどんなテープ？

710
ぜんこうしゅうかいで朝からつかうれいだいって？

711
にゅうがくしきやそつぎょうしきでとっている人がたくさんいるのはなーんだ？

712
とても頭のいい、学校でよくつかうがっきってなあに？

114〜115ページのこたえ

683 しきしゃ　684 ぞうきん　685 あせ　686 ちりとり　687 木曜日（クモをさかさまに読むとモク）　688 のうみそ　689 つけもの　690 モンブラン（門、ブラン）　691 光　692 タンバリン（タン、バリン）　693 けっせき　694 つなひき　695 引き出し　696 かさ　697 ロバ（そろばん）

713

学校に
もっていっても、
じゅぎょう中は
つかわない
ものって
なーんだ？

714

べんきょう
する時に
つかう玉って
どんなタマ？

715

音楽や
先生の声が
聞こえてくる
カーって
どんなカー？

716

かげが
できやすいのは、
車が通る道と
歩く道のどっち？

ヒント

かげはえいごで、
「シャドー」って
いうらしい！

717

人間の
後ろと、
学校の
前にある
のは
何かな？

718

こうしゃの
外にいる
ペンギンって
どんな
ペンギン？

719

つかえば
つかうほど
こなまみれに
なる、教室に
あるものって
なあに？

720

学校で
カエルの
鳴き声が
聞こえて
くるのは
いつ？

721

学校の行きも
帰りも
ついてくる
黒いものって
なーんだ？

ヒント

いけないことを
むずかしいことばで
「ひこう」って
いうんだワン♪

722

いけないことは
ぜったいに
しないと
きめている子が
すきな
のりものは何？

723

こくばんに
くっつく
ネットって
どんな
ネット？

724

じゅぎょう
さんかんに
お母さんが３人
来たよ。
その日食べた
ものは何かな？

725

国語の時間に
教えてもらう
わざって
どんなワザ？

726

火事の時に
うごき出す
ほうきって
どんな
ホウキ？

116〜117ページのこたえ

698 トラ(トランポリン)　699 図工室(ズコー、室)　700 ぼうし　701 カッコウ(がっこうの「゛」をとる)　702 5時（誤字）　703 クレヨン（くれよ！）　704 めがね　705 牛（きょうしつ）　706 コンテスト（キツネ→コン、テスト）　707 はちまき（8、まき）　708 つくえ（つく、え）　709 ゴールテープ　710 ちょうれい台　711 しゃしん　712 リコーダー（利口だ）

727

つうしんぼの
中をよく見ると
かくれている
どうぶつって？

728

おうちの人と
先生の間を
行ったり来たり
するチョウって
どんなチョウ？

729

ボールの
ほうこうが
わからなくなる
スポーツって
なーんだ？

730

ぼうさい
くんれんの
とちゅうに
出てくる
どうぶつって
何かな？

731

いいかどうかを
聞いてくる子は
学校でどんな
かつどうを
している？

732

遠足に
もっていく
「水水水水水水
水水水水」って
なあに？

733

音楽会で
休んだ子が
ひいたものって
なーんだ？

734

きがえはきがえ
でも、みんなが
大いどうする
きがえって
どんなキガエ？

クリア！ / / / / / / / / / /

735
入れるとペンがきえてしまうケースってどんなケース？

736
えのぐのある色をつかいきったら、ふたがあかなくなったよ。何色かな？

737
12色の色えんぴつの中にいる鳥は何羽？

738
「かれのだ！」と言われている数がたくさん書かれているものって何？

739
「どう？　くつ」と聞かれるとかならず「うん」とこたえるはきものは？

740
マラソン大会で友だちとならんで走っている時に話しかけたら、何とこたえた？

ヒント
ならんで走ることを「へいそうする」といったりするワン♪

741
家のどこをさがしてもノートがない子のへんじは、イエスとノーのどっちかな？

118〜119ページのこたえ

713 ランドセル　714 頭　715 スピーカー　716 車が通る道（かげ＝シャドー→車道）　717 こうもん（肛門・校門）　718 コウテイペンギン（校庭、ペンギン）　719 こくばんけし　720 下校の時（カエルの鳴き声＝ゲコー）　721 自分のかげ　722 飛行船（非行せん！）　723 マグネット　724 ハム（母母母→「は」が6つ→は、6）　725 ことわざ　726 けいほうき

742

ピーマンのなかまの理科ってどんなリカ？

743

理科の時間に出てくる犬って何ケン？

744

中にたねが入っている、音楽でつかうがっきって？

745

ペリカンからペンをとると出てくる科目って？

746

図書室じゃなくて理科室にある本ってどんなホン？

747

理科のじゅぎょうのさいしょにアメをくれる国はどーこだ？

クリア！

マコト、
こわがってるの？
うぇっ…!?
今、人体もけいが
うごいた!?

120〜121ページのこたえ

727 牛（つうしんぼ） 728 れんらくちょう 729 ドッジボール（どっち？、ボール） 730 サイ（ぼうさいくんれん） 731 いいんかいかつどう（いいんかい？） 732 すいとう（水、10） 733 かぜ 734 せきがえ 735 ペンケース（ペン、けす） 736 赤（ふたがあかない→赤、ない） 737 2羽（みどり、きみどり） 738 カレンダー（かれんだ！） 739 うんどうぐつ（うん、どう？ くつ） 740 へ〜、そう（並走） 741 イエス（ノート、家、ない→ノーと言えないから）

748
走ったり
引っぱったり
玉を入れたりする
貝って
どんなカイ?

749
じょうぎや
ものさしに
ついている森って
どんなモリ?

750
大むかしの
べんきょうを
していると、
出てくるせきって
どんなセキ?

751
4か9をつかうと
できる図形って
なあに?

752
1番上にある
ペンって
なーんだ?

753
もんだいを
とくために
ひねる
ところって
どこ?

ヒント
2つのおさらにのせて
おもさをはかる理科の
どうぐで「てんびん」と
いうものがあるワン!

754
おもさを
はかる時に、
ビンは
何こつかう?

755
走りながらする
計算って何算?

クリア！

756
あついとせが高くなって、さむいとせがひくくなるものは何？

757
「419がかり」これってなあに？

758
算数の時間ではなく、きゅうしょくに出てくる数ってどんなカズ？

759
クラスのみんなにすかれているきものってなあに？

760
算数の時間にイタチがタヌキと出したこたえはいくつ？

761
のばすとなきだしてしまう図形って何かな？

762
てっぱんでやいたり、水をかけたりすると出てくる数字って？

122〜123ページのこたえ

742 パプリカ　743 じっけん　744 カスタネット　745 理科（ペリカンの「ペン」をとるとリカ）　746 ひょうほん　747 アメリカ（アメ、理科）

763

学校に行く前に、
おうちの人が
くれるクリって
どんなクリ？

764

パソコン室にある
パソコンのそこが
ぬけると、
何が出てくる？

765

「カンカンカン」
これって
どんな日かな？

766

図書室で
大きな声を出すと
まわりから言われる
アルファベットって
なーんだ？

767

算数の時間
じゃないのに、
かけたり引いたり
するものは
なあに？

768

たいいくで
先生が見せて
くれる本って
どんなホン？

769

にゅうがくしきや
そつぎょうしきで
つかう大きな
カンって何？

770

ふたをあけると
はじまる
音楽会って
何かな？

クリア！

771
こくばんに
止まっている
チョウって
何びき？

772
朝や下校の時、
もらうとすぐ
かえしちゃう
さつって
なーんだ？

773
4時間目は
よく鳴るけれど、
5時間目は
あまり鳴らない。
これって何？

774
学校に行くと
とられてしまう
ものって
何かな？

775
糸は糸でも
学校にたくさん
あつまるイトって
なーんだ？

776
こうていに
ある、
つぼが入った
ぼうって？

777
うんどう会で
おうえんする時に
歌うえんかって
どんなエンカ？

124〜125ページのこたえ

748 うんどう会　**749** めもり　**750** かせき　**751** 四角形（4か9、形）　**752** てっぺん　**753** 頭　**754** 10こ（10、ビン）　**755** かけ算（走る＝かける）　**756** おんどけい　**757** しいくがかり　**758** おかず　**759** にんきもの　**760** 1（タヌキ→「タ」ぬき→イタチの「タ」をぬくとイチ）　**761** 円（えーん！）　**762** 10（ジュ〜）

778

クラスの
みんなのことが
書いてある
イボって
どんなイボ？

779

たいらなところに
おいているのに、
左がひくくて
右が高いと
いわれるものは？

780

4ひきのネズミが
はこんできた、
きゅうしょくの
おかずはなあに？

781

読むと強くなる
本って
どんな本？

ヒント

強くなることを
むずかしいことばで
「きょうか」って
いうワン！

782

学校で
こわ～い話を
するばしょは
どーこだ？

783

のっても
歩かないと
いけない馬って
どんなウマ？

784

道を歩いていたら
こんなかんばんが
あったよ。
何と読む？

785
入学したら
さいしょにつかう
がっきって
なあに?

786
うんどう会で
できるごみって
どんなゴミ?

787
てんこう
してきた子が
する貝って
どんなカイかな?

788
1番べんりな
図形って
なーんだ?

ヒント
べんりでやくに立つ
ことを
「ちょうほうする」って
いうみたい!

789
算数の時間に
数をせいりする
図をかいたら
出てきたどうぶつは
何かな?

790
おなかをおすと
色が出てくる
どうぐって何?

791
音楽室に
かぎをかけると
聞こえてくる
音楽って?

126~127ページのこたえ

763 みおくり　**764** パン(パソコンの「ソコ」をとる)　**765** さんかんび(3、カン、日)　**766** C(しー!)　**767** イス　**768** 手本　**769** たいいくかん　**770** オルゴール　**771** 9ひき(チョーク→チョウ、9)　**772** あいさつ　**773** おなかの音(4時間目と5時間目の間にきゅうしょくがある)　**774** しゅっせき　**775** せいと　**776** てつぼう　**777** おうえんか

792
バレンタインの日に、こくはくした子のきもちは、どのぐらいつたわる？

793
いつ通っても10時だという道って？

794
何をやってもとちゅうでなげだしちゃうそうじの時間につかうものは？

ヒント
なげだすことをべつのことばで「ほうきする」っていうんだって♪

795
先生が口から出すと、みんなは耳から入れるものってなーんだ？

796
きゅうしょくの時間になってもなかなかはこばれてこないスープって？

797
おうえんする時につかう「まみむ本も」ってなあに？

798
せかい中どこでも4つあって、教室にもあるものは何？

799
「3×3？」って聞いてくる花ってなーんだ？

800

火(ひ)をけす時(とき)に
つかう
カキって
どんなカキ?

801

ねつがある時(とき)は
よくうごいて、
なくなると休(やす)む、
かていか室(しつ)にも
あるものって?

802

3年生(ねんせい)だけ
2つもっていて
ほかの学年(がくねん)は
1つしか
ないものって
何(なに)かな?

803

5×5=○M(エム)
○に入(はい)る
アルファ
ベットは?

ヒント

かけ算(ざん)のぶぶんは「ごご」と
読(よ)むワン! つまり「午後(ご ご)」の
ことだワン!

804

オウムのれつが
できてしまう
きゅうしょくの
おかずって何(なに)?

805

3か9しかない、
算数(さんすう)で
つかうものって
何(なに)かな?

806

「スースースー」と
いねむりして
しまいそうな
じゅぎょうって
なーんだ?

128〜129ページのこたえ

778 めいぼ　**779** けんばんがっき、もっきん、てっきん　**780** シチュー(4(し)、チュウ)　**781** 教科書(きょうかしょ)(強化(きょうか)、書(しょ))　**782** 階段(かいだん)(こわい話(はなし)=怪談(かいだん))　**783** 竹馬(たけうま)　**784** つうがくろちゅうい!(2(ツー)が黒(くろ)、ちゅうい!)　**785** 1がっき　**786** 人(ひと)ごみ　**787** じこしょうかい　**788** 長方形(ちょうほうけい)(重宝(ちょうほう)、形(けい))　**789** ヒョウ(表(ひょう))　**790** えのぐ　**791** ロック(かぎをかける=ロック)

807

先生が2人いるへやってどこのへや？

808

みんなが知らんぷりするめがねってどんなメガネ？

809

図書室にある、さわると体がビリビリする本って？

ヒント

「ゆうめいな人の生き方をえがいた本」のことだって…

810

足でふんで数字を出すものって何かな？

811

かけたりわったりするとつかえなくなるものはなあに？

812

体がすごくかゆくなってしまう式って？

813

算数ではしかく。国語ではさんかくのものってなーんだ？

814
先生の家までのきょりって何センチ？

815
台のりょうがわに子どもがいるよ。これってどんながっき？

816
おしりをのばすとふくをかけることができる絵って何画？

817
毛がはさまった本は、学校のどこにある？

818
マラソン大会でたくさんさく花って何かな？

ヒント
「走る」をえいごにすると、その花が出てくるかも！

819
本の中でヒョウが4頭いるのってどーこだ？

820
テストに出てくる台ってどんなダイ？

130〜131ページのこたえ

792 ちょこっと（チョコっと） **793** じゅうじろ **794** ほうき **795** 声 **796** コーンスープ（来ん、スープ） **797** メガホン（「め」が「本」） **798** 東西南北 **799** サザンカ（3×3か？） **800** しょうかき **801** アイロン **802** 「ん」の数 **803** P（午後＝PM） **804** オムレツ **805** 三角じょうぎ（3か9、じょうぎ） **806** 算数（3、スー）

821
イスに「す」をつけたらどこの国になる？

822
先生にはせいとには2つあって、1つしかないものって？

おいらのじゅぎょう、聞いていくワン？

823
学校でおぼえるベットってどんなベット？

824
いつもテストの点数を気にしているしょくぶつってなーんだ？

825
ひらがなばかりの作文を書く虫って？

826
学校で出されたのに、おうちでかたづけるものって何かな？

132〜133ページのこたえ

807 教室（きょうし、2） **808** 虫めがね（知らんぷり＝むし、めがね） **809** 伝記（電気） **810** たいじゅうけい **811** おさらやコップなどのうつわ **812** 開会式（かゆい→かいかい、式） **813** 口（算数では図形の四角、国語では口という漢字の3画） **814** 1000センチ（先生んち） **815** 小だいこ（子、台、子） **816** はんが（おしりをのばすとハンガー） **817** ほけん室（本の中に「毛」をはさむ→ほ、毛、ん、室） **818** ラン（＝走る） **819** 表紙（ヒョウ、4） **820** もんだい

827

マラソン大会で
さいごまで
走ったら、
はだがひからび
ちゃった。
なぜかな？

828

さかさまに
すると
がっきになる
アルファベット
はなーんだ？

829

丸をとると
おかしく
なってしまう
ぶんぼうぐは
何かな？

830

しゅうじの時間に
半分だけつかう
紙ってなあに？

831

学校の中で
いるだけで年を
とってしまう
ばしょはどこ？

ヒント

年をとることを
べつのことばで、
「ろうかする」とも
いうみたいなの…

832

きゅうしょくに
あげものが
出るのは
何曜日？

833

「フー」と
ためいきを
つくと、学校が
休みになって
しまう魚は
何かな？

834

リレーの時に
つぎの人にわたす
2文字は
なーんだ？

クリア！

835

えいごの
じゅぎょうでは
ありがとうを
何回言う？

836

プールに
長い時間
入っていたら
やけるものって
なあに？

837

とりたいのに
なかなか
とることが
できない
きゅうしょくの
おかずって何？

838

サッカーや
バスケットボール
ではパスをする
けれど、ぜんぜん
ボールをもらえない
ぶんぼうぐって？

839

ようえんしゅう
の時に出てくる
サルって
どんなサル？

840

のばすと
食べられる、
社会の時間に
よくつかうもの
って何かな？

841

こくばんが
くさると
出てきた
ものって
なーんだ？

ヒント
くさるは、
「く」が「さる」って
考えるんだワン♪

134〜135ページのこたえ

821 スイス（す、いす） **822**「せ」という字（せんせい→2つ、せいと→1つ） **823** アルファベット **824** ナンテン（何点？） **825** カナブン（かな、文） **826** しゅくだい

842

毎日とても
ちょうしがいい
先生ってだれ？

843

おじいちゃんと
いっしょに
きゅうぎ大会に
出たよ。
しゅもくは何？

844

きゅうしょくの
前にきるふくって
どんなフク？

845

自分のことを
10って言っている
しゅうじの時間に
つかうものって？

846

図書室に
おもてしかない
本があったよ。
これって何の本？

847

教科書の
まん中に
虫がいたよ。
何の虫かな？

848

学校の左がわに
ある門から
魚が入ってきたよ。
何の魚？

ヒント

左の門か…。
左は「さ」とも
読むから…？

849

うんどう場に
いつもある
車って
なーんだ？

850
学校が休みの日に
のる電車って？

851
読書の時間に
サイコロをふったら
出た目はいくつ？

852
水に家を
入れちゃう
じゅぎょうって
なーんだ？

853
まどの中に
星が見えた時、
食べるからいものは
なあに？

854
算数の時間に
つかうどきって
どんなドキ？

855
田んぼにいそうな
人がきるふくって
どんなフク？

856
町や村ではやらない
けれど、市の中で
やるスポーツって
何かな？

ヒント
市の中、つまり
「市内」ってことだ！
こんな名前のどうぐを
つかうのは…

136～137ページのこたえ

827 完走したから（乾燥したから） **828** F（さかさまに読むとふえ） **829** ペン（「゜」をとるとヘンになる） **830** 半紙 **831** ろうか（老化） **832** 金曜日（あげもの＝フライ、デー） **833** タイ（タイ、フー→台風になる） **834** 「バ」と「ン」（バトン） **835** 39回（サンキュー） **836** ふ（ふやける） **837** トリ肉（とりにくい） **838** コンパス（来ん、パス） **839** リハーサル **840** 地図（のばすとチーズ） **841** こばん（こくばんの「く」がさる）

857
空気がとても
かわいている時に
先生が出した
しゅくだいは？

858
電車で
通学している子が
もっている、とても
きけんなものって？

859
えいごで
あいさつしたら、
けいほうが
出ちゃった。
どんなけいほうう？

860
はんこうきの子が
いつも買っている
ものってなあに？

ヒント
はんこう
することを
「はむかう」とも
いうワン！

861
学校で
そこに行くと
くじょうが来る
ばしょってどこ？

862
休日でも
しゅくじつでも
学校に行かなきゃ
いけないのは
何曜日？

863
これは
何と読む？

クリア！　チャレンジ！

864
学校の中で
かかって
しまいそうな
びょうきって
なーんだ？

ヒント
学校の中の
ことを「校内」って
いうから…

865
しゅうじの時間に
「れ」を書いたら
どんな花になる？

866
みんなが
とけなかったのは
「水・こおり・雪」の
どのもんだい？

867
とき方を考える
じゅぎょうの
科目は？

868
トウモロコシを
みんなでそだてたら
大きくなって、
べつのやさいに
なっちゃった！
何になった？

869
算数で
3を足すのを
いやがる人って
だーれだ？

870
日本に来た
ばかりの
えいごの先生が
日本語を話す時、
どんな音が
聞こえた？

138〜139ページのこたえ

842 校長先生（ちょうしがいい＝好調、先生） **843** ソフトボール（おじいちゃん＝祖父と、ボール） **844** くうふく **845** ぼくじゅう（ぼく、10） **846** うらないの本（うらがない） **847** 力（教力書） **848** サーモン（左、門） **849** トラック **850** きゅうこう電車（休校、電車） **851** 4（読書＝読んでる→4出る） **852** すいえい（水の中に「家」を入れる→す、いえ、い） **853** マスタード（まどの中に星＝「スター」を入れる→ま、スター、ど） **854** ぶんどき **855** たいそうふく（田、いそう、ふく） **856** けんどう（市内→竹刀）

871

のこした
ミカンを
つくえに
入れっぱなしに
していたら、
サルは何びき
出てきた？

872

いつも
「今日？」って
聞いてくる
先生は
だあれ？

873

たいそうの
時間にさかだち
した人は、その後
どうなった？

874

にわでカラスと
ヒツジが鳴くと
天気は
どうなる？

875

昼の12時
ピッタリに学校に
あらわれたのは
何年生？

ヒント
昼の12時の
ことを
「正午」って
いうみたい…

876

いつも
近くにある、
きゅうしょくの
前につかうものは
なーんだ？

877

しんたい
そくていの時、
1番気をつけて
はかるのは何？

878

うんどう
するために
行く国って
どこかな？

879

今日はクラスの友だちのたんじょうび。友だちの家まで、何で行く？

880

図書室の本をさかさまにしたら、海にあるものになったよ。何になった？

881

ひなんくんれんが1番とくいなのは何年生？

882

小学校に入る前のようちえんじがきているふくの色は何色？

883

ぶっきょうをひらいた人がイカについて教えてくれる科目って？

ヒント

ぶっきょうをひらいた人は「しゃか」っていうワン♪

884

何でもつつんでしまう学校の教室ってどーこだ？

885

リレーや100メートル走の時に出てくる生地って何？

140～141ページのこたえ

857 かんそう文（かわいている＝乾燥、文）　**858** ていきけん　**859** 波浪けいほう（ハロー、けいほう）　**860** ハム（はんこうする＝はむかう→ハム、買う）　**861** おくじょう　**862** 火曜日（通う日）　**863** うんどうかいの よこうえんしゅう（よこ、上、んしゅう）　**864** こうないえん　**865** スミレ（すみ、れ）　**866** 水（こおりと雪はとけるけれど、水はとけないから）　**867** どうとく（どう解く？）　**868** ダイコン（大、トウモロコシ＝コーン）　**869** サンタさん（3、足さん）　**870** カタ、コト（片言）

886

食べると
ドッジボールが
できなくなって
しまうやさいは
なーんだ？

887

学校の先生が
つかうじゅつって
なあに？

888

テストの点が
わるくても、
あまりおちこんで
いなさそうな
生きものは何？

ヒント
足が大きくなると
くつが「きゅうくつ」に
なるよね！

889

げたばこに、
小さくて
はけなくなった
くつが入っているよ。
何足入ってた？

890

さらの中に
数字の9を
入れたら
どんな花になる？

891

すすんでも
元のところに
もどってくる
教室にもある
アレって？

892

計算して
みて！

893

4月になると新しくなる、図工でつかうものって何？

894

すぐにちゃくせきしようとする鳥って？

ヒント

えいごで「すわろう！」みたいに言うあの鳥だよ！

895

毎日といてもこたえが出ないものってなーんだ？

896

2ひきのイタチが学校にやって来るのは何日かな？

897

話し出すと長い先生のしゅっしん国はどこだろう？

898

週に2回しかつかえない音楽室にあるものってなあに？

899

車を6台も入れておけるばしょってどーこだ？

142～143ページのこたえ

871 9ひき（くさる→9、サル） **872** 教頭先生（今日？、問う、先生） **873** そうたいした（「たい、そう」をさかさまに読む） **874** にわか雨になる（にわ、カー、メー） **875** 5年生（正午→小5） **876** ふきん（近く＝付近） **877** 身長（気をつける＝慎重） **878** タイ（体育→タイ、行く） **879** バス（たんじょうび＝バースデー→バスで、行く） **880** コンブ（「ぶんこ」をさかさまに読む） **881** 1年生（押さない→幼い） **882** えんじ色（園児、色） **883** 社会科（しゃか、イカ） **884** ほうそう室（つつむ＝包装、室） **885** レース

900
毎年9月になると
先生がせきがえを
しようとするのは
どうして？

901
ほごしゃ
ぜんいんが
来ていないうちに
はじまる会って
どんな会？

902
とつぜんぐあいが
わるくなった
友だちを
ほけん室に
つれて行ったよ。
何びょうで
行った？

903
きせつが
「秋→夏→
春→冬」の
じゅんに
やってくるのは
なーんだ？

904
東京の
小学校と
大阪の小学校。
いねむりが
多いのは
どっち？

905
学校に
どろぼうが
しんにゅう
したよ。
どの方角から
入ってきた？

906
とっても
ほめられて
いる子は
小学何年生？

ヒント
ほめることを
むずかしいことばで
「しょうさんする」って
いうワン♪

907
明るい
せいかくなのは、
フラスコと
けんびきょうの
どっちかな？

学校のボーナスもんだい

908

スタートのなぞをとき、そのこたえで絵しりとりをしてゴールをめざそう！

※「学校のボーナスもんだい」のこたえは、318ページにあるよ。

144～146ページのこたえ

886 ホウレンソウ（放れん、草） 887 占星術（先生、じゅつ） 888 カエル（ケロッとしている） 889 9足（きゅうくつ→9、くつ） 890 サクラ（さ、9、ら） 891 時計 892 8（サンタ、すご、ワイ、くつ→3＋5はいくつ？） 893 ねんど（年度） 894 ツバメ（＝スワロー） 895 かみの毛 896 1日（2、イタチ） 897 カタール（語る） 898 もっきん（木、金） 899 ロッカー（6、車＝カー） 900 秋がくるから（飽きがくるから） 901 こんだん会（来ん段階ではじまる） 902 9びょう（急病） 903 国語じてん 904 大阪の小学校（府民→不眠だから） 905 東南（盗難） 906 3年生（ほめる＝称賛→小3） 907 フラスコ（明るいせいかく＝陽気→容器だから）

ステージ4

おしごと・のりもののなぞなぞ

いろんな教室が見られておもしろかったね!
あれ?師匠は…?
おまたせ★おしごと・のりものステージに行くワン!
NAZO TAXi
わっ!?
師匠!何それタクシー!?
かっこいい〜!師匠がうんてんするの?
これもナビゲートのいっかんだワン♪
さあおきゃくさんおのりください
NAZO
STAGE 4
しゅっぱつしんこうワン〜!

909

はたらく人がする「0・4・5・10」ってなーんだ？

910

かじをけしてくれるゆうかんな牛ってどんなウシ？

911

こわれていなくてもしゅっぱつしてすぐに海にしずんでしまう船ってなあに？

912

3回クルクル回って町をまもっているのはどんな人？

913

下りてからのるのりものってなあに？

ヒント

のるじゅんびがいるワン？

914

どの車もしゅっぱつする時は同じ車になるよ。何シャになるの？

915

水にうかんでいるわけでもないのにプカーッというのりものって？

916

お金をもらうのに「売りません」と言う、ふしぎなしょうばいをしている人って？

917

これはどんな車かな？

918

電車の中で、すわるとかぜを引いちゃいそうなばしょってどこ？

919

足したら18、かけたら81になる白い車ってなあに？

ヒント

かけたら81になる数字は…

920

スピードが出ている車を止める木ってどんなキ？

921

カメラマンがしごとをするたびに口にする食べものってなあに？

922

けんこうでもはたらく人が行くいしゃってどんなイシャ？

149ページのこたえ

909 おしごと（0、4、5、10） **910** しょうぼうし **911** せんすいかん **912** おまわりさん（お、回り、3） **913** 地下鉄 **914** はっしゃ **915** ダンプカー

923
「うん」と10回言って車にのってすることってなーんだ？

924
りょうり人がいつももち歩いている食べものってなあに？

925
ナンバープレートの上にのっていて、カレーをつける食べものは？

926
うちゅうまで行くロケってどんなロケ？

927
赤いぼうしを光らせて大きな音を出しながら走る、白黒の車って？

928
お寺でぼうを3本もっている男の人ってだれ？

929
どうぶつのびょうきをなおす先生がきょうそうしたよ。ゴールのじゅんいは？

ヒント
どうぶつのおいしゃさんのことを何とよぶワン？

930

自家用車とレンタカー、中に大きな鳥がかくれているのはどっち？

931

すずの音が3回するのりものってなーんだ？

932

のる時についつい「よっ」と言ってしまう小さな船って？

933

しごと中に鳴ったのはどんな音？

934

会社で一番えらいチョウは、何というチョウ？

935

電車がとまって、人がのったりおりたりする木はどんなキ？

936

5つの貝をもちおとしよりをたすけている人のしごとは？

150〜151ページのこたえ

916 うらないし（売らない！） **917** ごみしゅうしゅう車（5、み、しゅうしゅう車） **918** ざせき（ザ、せき） **919** きゅうきゅう車（9＋9＝18、9×9＝81） **920** ブレーキ **921** チーズ（はい、チーズ！） **922** 会社

937

「とっとっ
とっとっとっ
とっとっとっ
とっ」という
電車って
なーんだ？

938

おとしたら
われるのに
サラリーマンが
いつも頭に
のせている
ものは？

939

のると頭が
ぼんやり
してしまう、
小さな船って
なあに？

940

のるとだれでも
イカをはっけん
できる小さな
船ってなあに？

941

くしを
「ホイッ」と
わたして
子どもの
めんどうを見る
人のしごとは？

942

はたけや田んぼで
いろんな虫を
見ているのに
「カだけはダメ！」
と言う人の
しごとは？

943

車のまん中を
かくしたら
大きなどうぶつが
あらわれた！
これ、なーんだ？

944

はいしゃさんの
頭の色って
何色？

945

ハイブリッドカーにのっている魚ってなーんだ？

946

道の上で3つの目玉を光らせて、車を通したり止めたりしているものってなあに？

947

食べるとあまくておいしいタイヤは何かな？

948

海でどれだけ魚をとっても「4ひきしかとれなかった」と言うのはどんな人？

949

けいさつかんがきらいなぼうってなーんだ？

950

イベントでマイクをもってみんなに話す会社は、どんなカイシャ？

951

のりものにのって、ちがうばしょに行ってしまう工場ってどーこだ？

152〜153ページのこたえ

923 うんてん（うん、10） **924** ウリ（りょうり人） **925** ナン（ナンバープレート） **926** ロケット **927** パトカー **928** おぼうさん（お、ぼう、3） **929** 10位（どうぶつのおいしゃさん＝じゅうい→10位） **930** レンタカー（レンタカーにはタカがいるから） **931** さんりんしゃ（3、リン、車） **932** ヨット **933** ゴトッ（し、ゴトッ） **934** 社長 **935** えき **936** かいごし（貝、5、し）

952

ずっと話して
いるとだれもが
びけいになる
のはどんな
しごと？

953

雪かき車の
まん中にある
くだものって
なーんだ？

ヒント

じょせつしゃも
雪かき車の
1つなんだって！

954

だんになって
いるところで
上手に
おどっている
のはだあれ？

955

びようしさんに
くっついている
どうぶつって
なーんだ？

956

車だと
とめること、
びょういんだと
ちょっといたい。
これなあに？

957

えんそう会で
かつやくする、
きじを書かない
きしゃって？

958

ナスに1を
足した人がして
いるのは何の
しごとかな？

959

上にトラを
9頭も
のせている
大きな車って？

960

しごとをする時に
きると、気分が
スーッとする
ふくってなあに？

961

「社長・じょうし・
ぶか」のうち、
さかだちすると
やさいがおちて
くるのはどの人？

962

サイドミラーを
のぞくと見えた
どうぶつは？

963

画家が
かっている
2しゅるいの
虫ってなあに？

964

けいさつの人が
のっていないのに
けいじが
のっているという
車ってなーんだ？

965

入る前は長く
ても、入った
後はみじかく
なるのは
何のお店？

154～155ページのこたえ

937 とっきゅう電車（とっ、9、電車） **938** さら（サラリーマン） **939** ボート（ボーッと） **940** いかだ（イカだ！） **941** ほいくし（ホイッ、くし） **942** のうか（ダメ＝ノー、カ） **943** クマ（くるま） **944** 灰色（はいしゃさん） **945** ブリ（ハイブリッドカー） **946** しんごうき **947** たいやき **948** りょうし（量、4） **949** どろぼう **950** しかいしゃ **951** ひこうじょう

966
バスていの
じこくひょうに
くっついている
どうぶつは？

967
カンをゴシゴシと
きれいにしている
人のしごとって
なーんだ？

968
車の後ろの
ランクって
どんなランク？

969
電車が通る
黄色と黒の
きりって
どんなキリ？

970
わるいことを
した人を
つかまえる、
せいぎかんの
強いカンって
どんなカン？

971
アイドルが
コンサートで
みにつけて
「いいでしょう！」と
じまんする
ものは？

ヒント
雨や雪が
ふった時に
つかうYの
ことワン！

972
車の前にある
フロントガラスの
上を、行ったり
来たりする
Yってなあに？

973
歌手が歌う時に
思い出す
食べものって
なーんだ？

974
大人になるとどんな人でもなれるいじんって何のこと?

975
ドリンクをのまなくても「お茶がいるよ〜!」と言われるシートは?

976
ハイブリッドカーの上の方がよごれていたよ。何でよごれていた?

977
それをもらうためにはたらいているのに、もらうと「こわい」と言ってしまうものって?

978
びようしさんがかみの毛を切る時にじゃんけんをすると何を出す?

979
車についている光る糸ってどんなイト?

980
「うううううううう」という、はやい電車ってなーんだ?

156〜157ページのこたえ

952 けいび（けいびけいびけい…） **953** カキ **954** ダンサー **955** 牛（びようし） **956** ちゅうしゃ（駐車・注射） **957** しきしゃ **958** ナース **959** トラック（トラ、9） **960** スーツ **961** ぶか（さかさまに読むとカブ） **962** サイ（サイドミラー） **963** ガとカ **964** 軽自動車 **965** びよういん、りはつてん（かみの毛を切ってみじかくなった）

981

いつも
「はい！」と
へんじをしている
げいのう人は？

982

点を丸に
かえたら
のるのを
やめたくなる
のりものって
なあに？

ヒント
トランプで
カードを出せない
時につかうことばね！

983

小さな子ども
なのに、
ゆび1本で
走っている
バスを止めたよ。
どうやったの？

984

上に火が
ついているのに
もえなくて、
下が木なのに
木でできていない
のりものって？

985

ちっとも
こわくなくて
おくすりを
くれる
ヤクザって
だれのこと？

986

なきながら
「そうか」と
言って
がっきが
ひけるのは
どんな人かな？

987

しゃりんが
ついていて
人をのせられる
ビーカーは？

ヒント
理科の実験につかう
ビーカーのこと!?

988
ばしょをいどう
しつづける
ライブって
どんなライブ？

989
けいさつかんが
かけつける、
手にもてない
けんって
なーんだ？

990
車をうごかせる
そりって
どんなソリ？

991
パパやママが
はたらかない
日は、へやの
どのあたりに
いるのかな？

992
のりものに
よいやすい人も
ポケットに
入れると
よわなくなる
お金はいくら？

993
うちゅう
にいるのは
うちゅう人。
車にのって
いるのは
何ジン？

994
車のパーツを
見ると
どうぶつの
鳴き声が
聞こえてきたよ。
何て鳴いていた？

158〜159ページのこたえ

966 ヒョウ（じこくひょう） **967** かんごし（カン、ゴシッ！） **968** トランク
969 ふみきり **970** けいさつかん **971** いしょう（いいっしょ！） **972** ワイパー
973 かし（歌詞→菓子） **974** 社会人、成人 **975** チャイルドシート（茶、いるど！、シート） **976** 灰（ハイブリッドカー） **977** お金（おっかね〜） **978** チョキ（チョキチョキと切るから） **979** ライト **980** きゅうこう電車（9こ、う、電車）

喫茶
リストランテ
町に出た！
お店ではたらいている人がいる！

995
計算したら、台を27こつかっていたよ。この人のしごとは何？

996
花やさんがどんなにがんばっても2本では、花たばが作れないのは何の花？

997
人を上手にだますほどよろこばれるのは何のしごとをしている人？

998 モデルの人がよくほめられるタイルってなーんだ？

999 学校でみんなにべんきょうを教えている牛がいるのは「きのう・今日・明日」のいつ？

1000 たてもののせっけいができるくしってどんなクシ？

160〜161ページのこたえ

981 はいゆう（はい！ 言う） **982** バス（点を丸にかえるとパス） **983** こうしゃボタンをおした **984** ひこうき **985** やくざいし **986** えんそうか（え〜ん！ そうか） **987** ベビーカー **988** ドライブ **989** じけん **990** ガソリン **991** すみ（やすみだから） **992** 4円（よわない＝酔えん→4円） **993** エンジン **994** ブヒン！（部品）

1001

こうそくどうろと
いっぱんどうろ。
食べものが
おちている道は
どっちかな？

1002

こうそくどうろと
いっぱんどうろ。
正直な人でも
うそをつく道は
どっちかな？

1003

モデルだけど
うごいたり
しゃべったり
しないのは
どんなモデル？

1004

車をあらって
いる時は
とっても
強そうな車に
へんしん！
何シャになる？

1005

車がいちど
止まって
またすぐに
しゅっぱつ
するのは
いったい何時？

1006

車を
うごかすのに
ひつような
アメリカの
お金は？

1007

牛を
ほめている、
食べものに
くわしい
人って？

1008

おいしい
おかしを
作る絵って
どんなエ？

1009
車やひこうきに
のると体に
くっついて
とべるものは
なーんだ？

1010
ひこうきを
うごかす人は
「そう」と
何回言えばいい？

1011
えいがの
かんとくを
している
海の生きものは
なあに？

1012
すずがついている
わけでもないのに
「チリン」と
音がする
のりものは？

1013
男子が
すわっても
女子になる
車のせきって
なーんだ？

1014
はたらくと
もらえるのは
「キュウリ・
キャベツ・
トマト」のうち、
どーれだ？

1015
ひこうきが
おりる
ところに
9こある、
茶色の
食べものは
何かな？

162〜163ページのこたえ

995 大工さん（27=9×3→台、9、3） **996** バラ（バラバラになる） **997** マジシャン **998** スタイル **999** 今日（今日、牛→きょうし） **1000** けんちくし

1016

ガソリンスタンド
にあって
かみの毛が
きれいになる
ものってなあに？

1017

スポーツジムの
先生が
毎日きている、
うごきやすそうな
ふくの名前は？

1018

「ふろ・トイレ・
げんかん」のうち
車にかならず
ついているのは？

1019

おしりについている
点を1つとったら
おしりをつかう
のりものになった。
これなーんだ？

1020

はたらく人が
もらうと
よろこぶ、
食べられない
ナスってなあに？

1021

とくいなこと
なのに、何回
しょうぶしても
ぜったいに
かてないいしゃは
どんなイシャ？

1022

新しく出た
ばかりの本を
1000さつも
のせている、
のりものってなに？

ヒント
新しく出る本のことを
「新刊」というよ！

1023

見ると
1000回も
おどろいてしまう
船ってなーんだ？

1024
おさけは20才から、車のめんきょは18才から。じてんしゃは何才から？

1025
アイドルの頭の色は何色かな？

1026
海や川じゃなく、電車で見るつりってどんなツリ？

1027
朝の5時におきたじけんをかいけつしたのは何ジ？

1028
火曜日に文字を書いた車って何のこと？

1029
何でも「自分がやった！」と言いたがる、パンチが上手な人ってだーれだ？

1030
いねむりしながらつめをきれいにする人のしごとは？

164〜165ページのこたえ

1001 いっぱんどうろ（いっぱんどうろにはパンがある） **1002** こうそくどうろ（こうそくどうろにはうそがある） **1003** プラモデル **1004** せんしゃ（洗車→戦車） **1005** 1時（いちじていし） **1006** ドル（ハンドルがひつよう） **1007** えいようし（えーよ！ 牛） **1008** パティシエ **1009** シートベルト **1010** 14回（そうじゅうし→そう、14） **1011** エイ（えいがかんとく） **1012** いちりんしゃ **1013** じょしゅせき **1014** キュウリ（きゅうりょうがもらえる） **1015** クリ（ちゃくりく→茶、クリ、9）

1031

ぼうの上で
ショーを
している
まっ赤な
車って
なあに？

1032

くしゃみが
出そうな
ちょうみ
りょうが
ついている
車って？

ヒント

ちょうみりょうと
いえば、しお、
さとう、しょうゆ…

1033

どうぶつえんで
「しずかに
しなさい」と
9回ちゅうい
している
人ってだれ？

1034

海をおよぐ
でんせつの
うつくしい
メイドって
どんな
メイド？

1035

ベルをつけて
土をほる
車って
なあに？

1036

かみを切らずに
びようしさんに
かみをかるく
してもらったよ。
どうやったの？

1037

船に
つながって
おこっている
ものは
なーんだ？

1038
ファッションショーでかっこよく歩いているキングってどんなキング？

1039
手をあげてひろって、交番にとどけないでさいごにお金をはらうものは？

1040
スポーツカーの中で鳴いているどうぶつってなあに？

1041
としょかんやびじゅつかんで1番えらいチョウってどんなチョウ？

1042
大人しかのっていなくても、かならず子どもがいる車ってなーんだ？

1043
会社で自分よりえらい牛ってどんなウシ？

1044
木をいくつあつめたら空をとぶことができるようになる？

166～167ページのこたえ

1016 リンス（ガソリンスタンド） **1017** トレーナー **1018** ふろ（フロントガラスがついている） **1019** そり（「シ」リから点を１つとる→「ソ」リ） **1020** ボーナス **1021** はいしゃ（敗者→歯医者） **1022** しんかんせん（新刊、1000） **1023** ぎょせん（ギョッ、1000） **1024** 0才（のるのは何才からでも） **1025** あい色（アイドル） **1026** つりかわ **1027** けいじ **1028** 自家用車(字､火曜､車) **1029** ボクサー(ぼくさ！) **1030** ネイリスト（寝入る）

1045

えきで
はたらく
1番えらい
チョウの
数は何びき？

1046

さかさまに
したら
どんな形でも
丸くなる
のりものって？

1047

自分から
すすむのを
やめて
しまった
タイヤって
なーんだ？

1048

走っている車が
もくてきちに
つく時に
おとしたのは？

1049

てんしゅ
といっても
お店にいないで
車にのって
ばかりなのは
だーれだ？

1050

グレーの新車を
だれにでも
プレゼントして
くれる人の
しごとって？

1051

まん中に
あっても
はじっこに
ありそうな、
空をとぶ
のりものって
なーんだ？

ヒント
はじっこの
ことを
「へり」とも
いうから…

1052

ドアが
1こしか
なくても
6こになる
のりものって？

1053

ほしいものがもらえなくてかなしそうにしている車って？

1054

そうじゅうする時、もえないかちゅういするのは「船・車・ひこうき」のどれ？

ヒント

「○○をとる」というワン

1055

せんろではなくどうろを走り、人がうごかす汽車ってどんなキシャ？

1056

絵をかくためのまっ白な四角いバスって何のこと？

1057

ラッパーがすきな、キッチンにあるとうめいなものはなあに？

1058

うんてんする人がぜったいに会いたくない子といえば？

1059

赤しんごうをむししてもけいさつにつかまらなかったのはどうして？

168～169ページのこたえ

1031 しょうぼう車（ショー、ぼう、車） **1032** こしょう車 **1033** しいくいん（しー！9、いん） **1034** マーメイド **1035** ショベルカー **1036** かみの毛の色をあかるくしてもらった **1037** いかり **1038** ウォーキング **1039** タクシー **1040** カラス（スポーツカー） **1041** かんちょう **1042** 自動車（児童、車） **1043** じょうし **1044** 9（木、9→ききゅう）

1060
トイレをみがいて
こまった人を
たすける人って
何のしごとを
しているの？

1061
電気じどう
しゃにのって
いる鳥って
なーんだ？

1062
マッチョな
オリンピック
せんしゅが
もくひょうに
している
メダルの色は？

1063
ジムで毎日
がんばっている
のに、ちっとも
きんにくが
つかないのは
どうして？

1064
中にものは
入らないけれど、
いのちをまもって
くれるバッグって
どんなバッグ？

1065
入って出たら
体が
きれいになる
のりものって？

1066
べんごしに
なるために
ひつような形は
「○・△・□」の
うち、どれかな？

ヒント
べんごしには、
べんきょうしてしけんに
ごうかくしたらなれるんだよ！

1067
ある人のお兄さんは
目がとっても
いたそうにしているよ。
何のしごとを
しているのかな？

クリア！　チャレンジ！

1068
船をそうじゅうするチョウの数はいくつかな？

1069
アイドルにもやきゅうせんしゅにも、何にでもなれるゾウは？

1070
汽車や船から大きな音を出す「てき」ってなーんだ？

1071
げいのう人とインフルエンサー。冬に半そででもさむくなさそうなのはどっち？

ヒント
インフルエンサーというのはえいきょう力がある有名人のことワン

1072
いつもあやまってばかりのせいじかってだれのこと？

1073
バスにのってつかれていねむりしようとしたらおこられたよ。どうしてなの？

1074
けいさつかんがかっているどうぶつは「ネズミ・リス・ハムスター」のどーれだ？

170〜171ページのこたえ

1045 3びき（駅長さん→駅、チョウ、3） **1046** 車（まるく） **1047** リタイヤ **1048** スピード **1049** うんてんしゅ **1050** はいしんしゃ（グレー＝灰→ハイ！新車） **1051** ヘリコプター **1052** トロッコ（戸、6こ） **1053** クレーン車（くれない→くれん…） **1054** 船（かじをとるから） **1055** 人力車 **1056** キャンバス **1057** ラップ **1058** じこ **1059** パトカー、きゅうきゅう車（きんきゅう自動車）だったから

1075
木が生えている、電車がとまらないえきってどんなエキ？

1076
ケーキやさんで少しだけれいとうされたのは何ケーキ？

1077
ひみつにしているしごとってどんなしごとなの？

1078
5人のおきゃくさんをのせたバスが、バスていで3人おろしたよ。今バスの中は何人？

1079
ステージで回った後、プッとわらっているアイドルは1人だけ？何人もいる？

1080
車についているネットってどんなネット？

1081
げいのう人じゃなくてもオーディション会場でサインしているのはどんな人かな？

1082
車だときょうそう、ようふくだとヒラヒラ、これなーんだ？

クリア！　チャレンジ！

1083
画家とイラストレーター、いつもおぼんをもっているのはどっち？

1084
走ると水たまりをふんで、水がはねてしまうのりものって？

ヒント
水がはねる時にはどんな音がするかな？

1085
いしゃなのにけいさつかんにたいほされるのはどんなイシャ？

1086
車をうんてんする人がにぎっているお肉のしゅるいは何？

1087
お金がなくても買ってしまいそうになるのはどんな電車かな？

1088
前や後ろ、上や下にはうごかない。ななめだけにすすむ、ビルなどにあるのりものって？

1089
ものがたりだと人があらわれる時、船やひこうきだとのる時のこと。これなーんだ？

172～173ページのこたえ

1060 べんごし（便、ゴシ） **1061** キジ（でんきじどうしゃ） **1062** 金（きんトレ→金、とれ！） **1063** 事務のしごとをがんばっているから **1064** エアバッグ **1065** バス（おふろは英語でバスだから） **1066** □（＝資格がひつようだから） **1067** アニメーター（兄、目、いたっ！） **1068** 1000びき（船長→1000、チョウ） **1069** そうぞう **1070** きてき **1071** インフルエンサー（ふるえない＝ふるえんから） **1072** そうりだいじん（ごめん＝ソーリー、だいじん） **1073** うんてんしゅだったから **1074** リス（ポリス）

1090

おいしゃさんに
毛が生えた
ばしょは、
ななめ？
たいら？

1091

おおがた
トラックと
さんりんしゃ。
1台でも2台に
なるのは
どちらかな？

1092

めんきょしょうを
もたずに
車にのったけれど
交通いはんは
していないよ。
どういうこと？

1093

バスていで
1番前に
立っているのに
バスが来ても
のらないのは？

1094

姉でも妹でも
弟でもがっきを
えんそう
する時は
兄になる。
何のしごとを
しているの？

1095

くずすと
きんぞくに
できる紙って
なーんだ？

1096

じてんしゃの
上にのって
いる本って
何の本？

ヒント
小学校では
3年生から
つかうワン！

1097

家から会社まで
電車で200円で
行けるのに
3500円も
かかったよ。
どうしてなの？

おしごと・のりもののボーナスもんだい

1098
1099

とちゅうのなぞなぞをといて正しいこたえをえらんでゴールしよう！

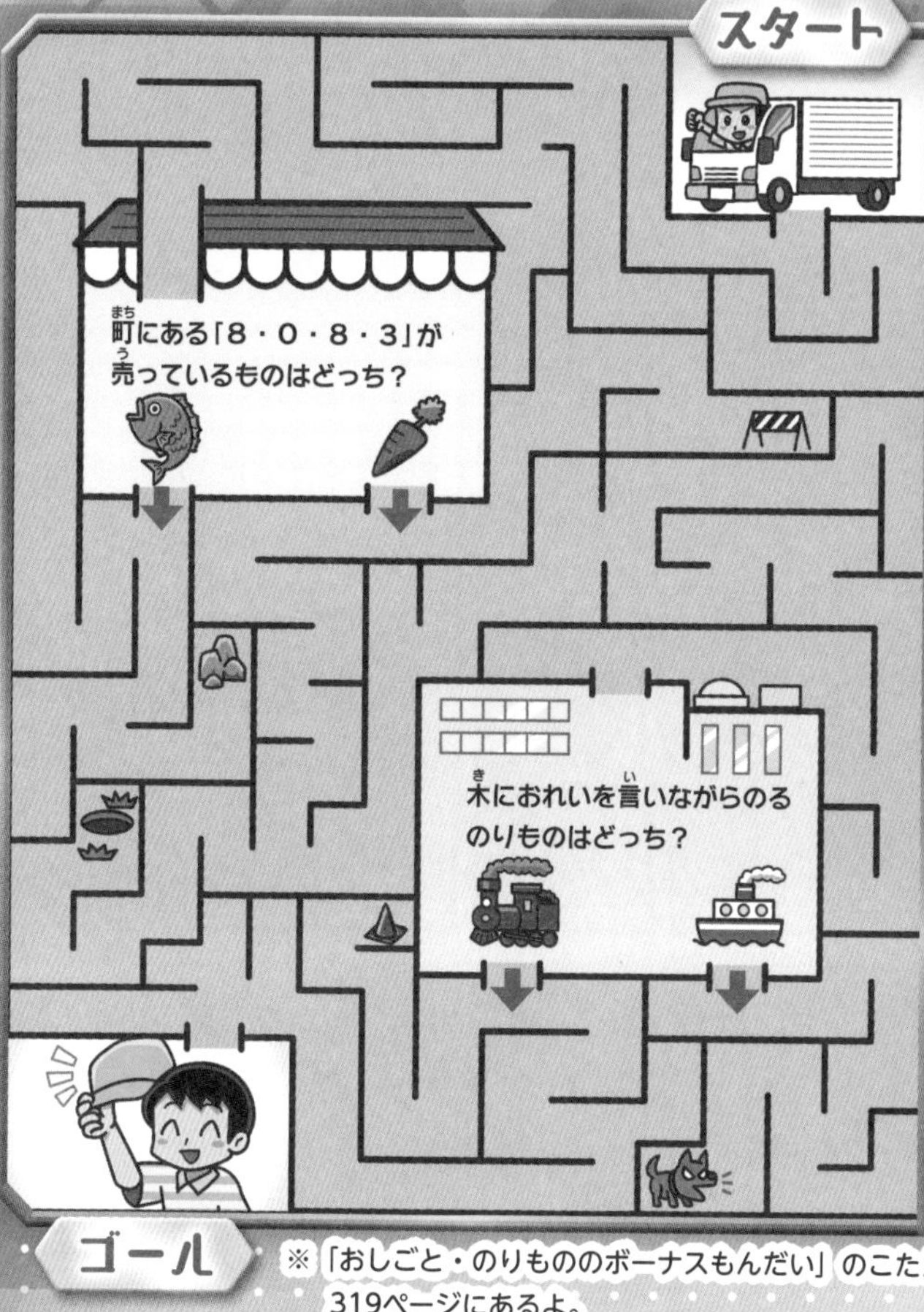

スタート
町にある「8・0・8・3」が売っているものはどっち？
木におれいを言いながらのるのりものはどっち？
ゴール

※「おしごと・のりもののボーナスもんだい」のこたえは、319ページにあるよ。

174～176ページのこたえ

1075 うえき **1076** チョコレートケーキ（ちょこっと、れいとう、ケーキ） **1077** 書くしごと（ひみつ＝かくしごと） **1078** 3人（うんてんしゅも入れて3人） **1079** 何人もいる（グルッ、プッ→グループだから） **1080** ボンネット **1081** しんさいん **1082** レース **1083** イラストレーター（イラストレーターはトレーをもっている） **1084** 馬車（バシャッ！） **1085** はんざいしゃ **1086** レバー **1087** 回送電車（買いそう電車） **1088** エスカレーター **1089** とうじょう（登場・搭乗） **1090** ななめ（毛医者→けいしゃ＝ななめ） **1091** おおがたトラック（2台→荷台があるから） **1092** うんてんしゅは、べつの人だから **1093** バスていのひょうしき **1094** ピアニスト（ピ、兄、スト） **1095** おさつ **1096** 辞典（じてんしゃ） **1097** タクシーで行ったから

ステージ5

きせつのなぞなぞ

1100

ネズミの
鳴き声が
聞こえる
春の花って
なーんだ？

1101

7月7日に
バタッと
たおれた
ものはなあに？

1102

夏の水曜日と
火曜日に食べる
くだものって？

1103

はずかし
がりやの人も
「ハロー」と言う、
秋のイベントは？

1104

顔がない
ぼうって
どんなようかい？

ヒント

おうちのげんかんに
かざるんだよね！

1105

マツといっても
お正月によく見る
のはどんなマツ？

1106

お人形をかざる
つりって
どんなツリ？

1107
あぶらであげて
おいしく食べられる
春ってどんなハル？

1108
頭にハスをのせた
犬って
どんなイヌ？

1109
おぞうにに入って
いるどうぶつと
海の生きものは？

1110
夏の朝に
ほえてくるのは
何の花？

ヒント
どんな声で
ほえるんだ…？

1111 みんなから「よいね！」と言ってもらえるしょくぶつって？

1112 秋ではなく冬によく見るクリの木といえば？

1113 ランドセルをつかうたびにくっつける中ってなーんだ？

179ページのこたえ

1100 チューリップ　**1101** たな（七夕→たな、バタッ）　**1102** スイカ（水、火）

1103 ハロウィン　**1104** のっぺらぼう　**1105** かどまつ　**1106** ひなまつり

1114

ひかえめに
わらっている
木ってなーんだ？

ヒント

おおわらいは
わっはっは！
ひかえめに
わらうのは…

1115

お正月には
おもちをつくけれど
4月1日には
何をつく？

1116

シールを
つける時に
思い出す
きせつはいつ？

1117

かゆい時ではなく
あつい時に
かくものって？

1118

6月ごろになると
ついつい見てしまう
きれいなサイ
といえば？

1119

1月にかざる、
のぞいても顔を
うつさない
かがみは何？

1120
見るとほっぺたが
ズキンと
いたくなる
しょくぶつは？

1121
木のぼりが
とくいなサルでも
うまくのぼれない
木ってなあに？

1122
夏においしいのは
そうめん。
では、夏まつりで
かぶるのは
何メン？

1123
はなみずが
ついてしまった
しょくぶつは何？

1124
クリスマス
ケーキを
食べるのは12月。
いきおいよく
ごはんを
食べるのは
何ガツ？

1125
ニワトリが
鳴くほど
だいすきな
しょくぶつって
なーんだ？

1126
オバケが
お気に入りの
数はいくつ？

180〜181ページのこたえ

1107 はるまき　**1108** ハスキー犬（シベリアン・ハスキー）　**1109** ゾウとウニ
1110 アサガオ（朝、ガオー）　**1111** イネ（いーね！）　**1112** クリスマスツリー
1113 せなか

1127

「しずかにして」と言ってくる、食べられる竹ってどんなタケ？

1128

秋にとれる、ねだんが高くてとってもおいしい竹ってどんなタケ？

1129

やさいをそだてる竹ってどんなタケ？

1130

イチゴがりとリンゴがりにあって、ブドウがりにないものって？

1131

耳がなくても話しかけると聞いてくれる花の名前は？

1132

お金が入った玉ってなーんだ？

1133

赤い顔をした小さなふたごのくだものって？

1134

すずをつけているのに、いくらふっても音がならない花ってなあに？

1135

ぼうはぼうでも
あたたかい
ボウって、
なーんだ？

1136

かいネコと
かい犬。
しょくぶつを
かかえているのは
どちら？

1137

さわるとやけど
してしまう、
きえてなくなる
花ってなあに？

1138

玉子が入っている
のは親子どん。
では、秋に木から
おちてくるのは
どんなドン？

1139

コアラに
ゆかりのある
木といえば？

1140

おどろいた時に
あらわれる
クリってなあに？

1141

火にむかって
イライラ、
チクチク
とした木は？

182〜183ページのこたえ

1114 クスノキ（クスッ、の木） **1115** うそ（4月1日はエイプリルフール） **1116** 春（シールをはる） **1117** あせ **1118** アジサイ **1119** かがみもち **1120** ホオズキ（ほお、ズキッ） **1121** サルスベリ **1122** おめん **1123** ハナミズキ **1124** ガツガツ **1125** コケ（コケー！） **1126** 0（オバケ→ゆうれい）

1142

まんげつを見ると
毛がたくさん
生えてくる
男のオバケは？

1143

トゲが生えている
みどりの点って
どんなテン？

1144

秋にとれる
「ナナナナ」
これなーんだ？

1145

ネコが4つも
ジャラジャラと
ぶら下げている
しょくぶつは？

1146

ほしくない
ランといえば
どんなラン？

1147

サクラがさいたら
公園で見られる
なみってなあに？

1148

カサブランカと
ヤマユリのうち、
大雨でも
へっちゃらなのは
どちらだろう？

ヒント

どちらも花の名前
だね！ 大雨の時に
ほしいものは何かな？

1149

しょくぶつなら
土から出てきて
人間なら顔に2つ。
これなーんだ？

1150
カラの中に
2つ入っている
夏って
何のこと？

1151
夏まつりには
2つあって、
秋まつりには
1つしかない
ものって何？

1152
りょうりに
「おすは
入れないぞ！」
と言いはっている
花は？

1153
「おや？」と
5回ふしぎに
思ってしまう
やさいは？

1154
シラカバの木に
いつもくっついて
いるどうぶつって
何と何？

1155
秋に赤くなって
上から下に
おちる、
書けない字って
どんなジ？

1156
春に
どうろよこの
うえこみで見る
花の字って
どんなジ？

184～185ページのこたえ

1127 シイタケ（しーっ！、タケ） **1128** マツタケ **1129** はたけ **1130** 「ゴ」という字 **1131** キク **1132** お年玉 **1133** サクランボ **1134** スズラン **1135** だんぼう **1136** かいネコ（かいネコ） **1137** 花火 **1138** ドングリ **1139** ユーカリ **1140** びっくり **1141** ヒイラギ（火、イラッ、木）

1157

春に出てきて
夏前には
いなくなる、
じめんにある
くしってなあに？

1158

イチゴがりの時に
きような人でも
うまくとれない
ぶぶんはどこ？

ヒント

きよう＝うまく
できるってこと
だから、うまいの
はんたいだね！

1159

線の間につぶが
入っている日は
いったい何の日？

1160

とれたての
お米は新米。
では、おいしい
お米は何マイ？

1161

ならべかえたら
ベランダにあった、
いいかおりが
する花は？

1162

夏はきおんが
上がるけれど、
上がるときれいに
なるものって？

1163

春は三角で茶色。
どんどん大きく
なって、やがて
ぜんしんみどり色。
これなーんだ？

クリア！

1164
たいようから2回出てきた数はいくつだった？

1165
ゆりかごにいつもついている花ってなあに？

1166
9月から11月にある木といえばどんなキ？

1167
正しい月っていつのこと？

1168
ひなまつりにかざる、目や口のついたヤシってなあに？

1169
ハイビスカスにかくれているべつのしゅるいの花ってなーんだ？

1170
15の数字がきらいになる日があるんだって。それは何の日？

186〜187ページのこたえ

1142 オオカミ男 **1143** サボテン **1144** ナシ（ナ、4） **1145** ネコジャラシ（ネコ、ジャラ、4） **1146** いらん **1147** お花見 **1148** カサブランカ（かさがあるから） **1149** め（芽・目） **1150** ピーナッツ **1151** 「つ」という字 **1152** スイレン（す、入れん！） **1153** ゴーヤ（5、おや？） **1154** シカとカバ（シラカバ） **1155** モミジ **1156** ツツジ

なぞなぞゲージ
きせつをいちどにあじわえるワン♪

1171

見えないけれど春になると体でかんじて見つけられる貝ってどんなカイ？

1172

アルファベットのBが1つ書かれているボールってなあに？

1173

オレンジ色や黄色なのに金色だとしゅちょうしている、まりをのせた花は？

クリア！

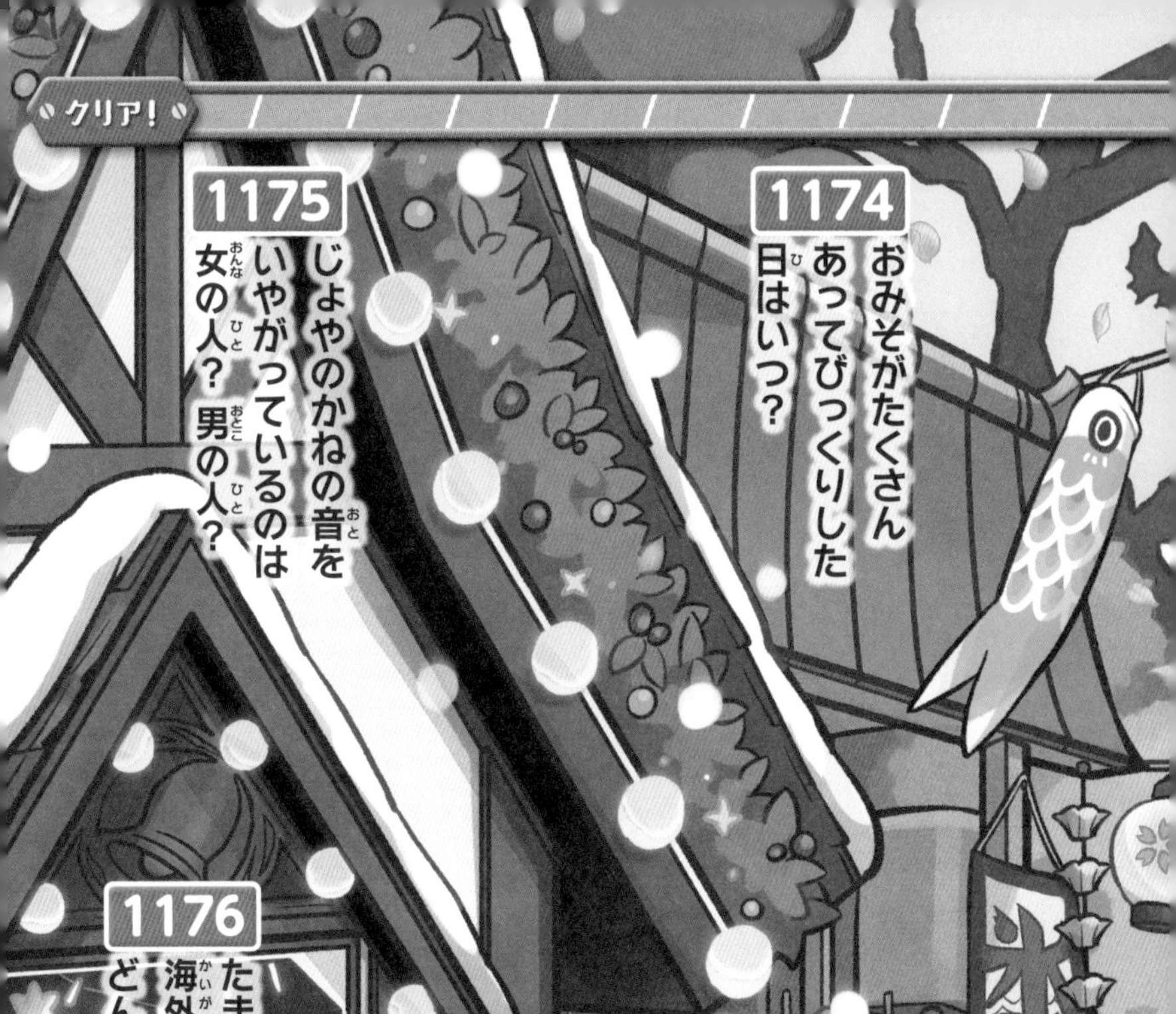

1174 おみそがたくさんあってびっくりした日はいつ？

1175 じょやのかねの音をいやがっているのは女の人？ 男の人？

1176 たまごとウサギがだいすきな海外のスターってどんなスター？

188～189ページのこたえ

1157 ツクシ　**1158** ヘタ　**1159** せつぶん（せ、つぶ、ん）　**1160** うまい　**1161** ラベンダー　**1162** おふろ　**1163** 竹　**1164** 3（サンサンと照っているから）　**1165** ユリ（ゆりかご）　**1166** 秋　**1167** 正月　**1168** 五人ばやし　**1169** ハス（ハイビスカス）　**1170** 十五夜（15、ヤ！）

1177
おしろにいるのは王さま。では、みんなの頭の上にあるのは何サマ？

1178
秋に山でするのはクリひろい。町がきれいになるのは何ヒロイ？

1179
スポーツをしないで上を見て楽しむ大会ってどんな大会？

1180
「ササササ
サササササ」
これ、なーんだ？

1181
12月にくろうしているおじいさんってだーれだ？

1182
しょくぶつから出てくしゃみをさせる小さなフンってなーんだ？

ヒント
大きいのがおおがら、小さいのがこがら。「こがらな風」ってことか！

1183
秋から冬にふく「こがら」なものってなあに？

1184
点をとったら人にいやがられてしまう木って何のキ？

1185
夏休みと
かききゅうか。
長いのはどっち？

1186
「おおおお」と
言いながら
本につぶされた
花って何？

1187
「ためいき・
くしゃみ・
しんこきゅう」
ふうりんの音が
鳴るのはどれ？

1188
「は」をよくする
のは、はいしゃ。
母の日に
つたえるのは
何シャ？

1189
つめたいけれど
あいされて、
あつさがにがてな
ものって？

1190
みそが入った
白い花って
なあに？

1191
きみといっても
たまごじゃなくて
だんごを作る
キミはなーんだ？

190〜191ページのこたえ

1171 あたたかい **1172** ビーチボール（B、1、ボール） **1173** マリーゴールド（マリー、金＝ゴールド） **1174** おおみそか（おお、みそか！） **1175** 女の人（女、ヤ！） **1176** イースター

1192

楽しい気分の時に
さく花の名前は?

1193

「おには外」と
「ふくは内」
そうじをしながら
マメまきをするのは
どっち?

1194

1日や2日だけでも
9日間ありそうな
お休みって
何のこと?

1195

「あいうえお」と
「かきくけこ」
お花がかくれて
いるのはどっち?

1196

いやなにおいは
しないのに、雨のじきに
「くさい」と
言われてしまう
花ってなあに?

1197

上がるとみんなで
ワイワイ楽しいのは
森と山のどっち?

1198

おもくてどっしり
しているのに
「ペラペラだね」と
言われちゃう
どうぐって?

ヒント
おもちつきに
つかうよね!

1199

6×6の計算が
だいすきな
ようかいって
なーんだ?

1200

赤いのにものすごく
黒いといわれる、
あまずっぱい
くだものはなーんだ？

1201

ニラといっても
あま～いかおり。
どんなニラ？

1202

むらさき色の花が
さいてびっくり
した日は、きのう？
今日？それとも明日？

1203

バーベキューで
黒こげになった
スギってどんな
スギ？

1204

春になると
土から出てくる
みどり色の
とうってなあに？

1205

「あなた・きみ・
わたしたち」
さかだちしたら
木をしっかり
ささえられるのは
だあれ？

1206

おなかが
あたたかくなる
まきって
どんなマキ？

192～193ページのこたえ

1177 お日さま **1178** ごみひろい **1179** 花火大会 **1180** 草（9、サ） **1181** サンタクロース **1182** かふん **1183** こがらし **1184** ヤナギ(ヤな木！) **1185** かききゅうか（かききゅうかの方が長いことば） **1186** おし花（お、4、花） **1187** ためいき（ふう、リン） **1188** かんしゃ **1189** アイス（愛す） **1190** カスミソウ **1191** お月見

1207
きんちょうしながら
「すきだ」と
言ってしまう
秋の草ってなあに？

1208
お正月には
かかせない
食べもの
といえば？

1209
ほとんどの花が
もっている、
光らない
花火って
なあに？

1210
ゾウの子どもが
じっとこっちを
見てくるという
オバケって
いったい何？

1211
ゆうれいが
まったくいない
時間は
「朝・昼・夕・夜」の
どの時間？

1212
おさけを
口にくわえた
女のオバケって
なあに？

1213
「ドアが
おいしい」と
言っている
見えない人間って
だれのこと？

1214
海でおよぐ時に
くじょうが来て
しまうばしょって
どーこだ？

1215
おもちゃのけんで
あそんでいる
バラはどんなバラ？

1216
お花の下で
わらうと
「イヒ・ウフ・
エヘ」の
どれになる？

1217
春に鳴き声を
聞くのはウグイス。
では、聞くと
さんこうに
なるのは何イス？

1218
ものが
たおれないように
おさえている
ササの大きさは
「S・M・L」の
中のどれかな？

1219
上に火をつけて
もえている
マツってなあに？

1220
冬に1回だけ
やってくる
つゆって
なーんだ？

1221
「こうなのよ！」と
教えてくれる、
赤や黄色の
秋のしぜんは
何かな？

194～195ページのこたえ

1192 ラン（ランラン♪） **1193** ふくは内（拭くわ、ウチ！） **1194** 休日（9、日）
1195 かきくけこ（キクの花がかくれている） **1196** ツユクサ（梅雨、くさ！）
1197 森（森、上がる→もり上がる） **1198** うす（薄っ！） **1199** ろくろくび
1200 ザクロ（ザ！ 黒） **1201** バニラ **1202** 今日（き、今日！→キキョウの花がさいたから） **1203** やきすぎ **1204** フキノトウ **1205** きみ（さかさまに読むと、みき）
1206 はらまき

1222
みずぎじゃないけれど
ぬらしてもへいきな
ふくってなーんだ？

1223
あつさとさむさ。
ついつい口に出して
しまうのはどちらかな？

ヒント
あつい！
さむい！
う〜ん、
どっちかな？

1224
ラーメンの
スープのあじが
するきせつは？

1225
ラーメンやチャーハンを
食べる時にやくに立つ
花ってなあに？

1226
まっ白なつめをかいでみたら
いや〜なにおい。
このしょくぶつ、なーんだ？

1227
ようちえんでだれもないて
いないのに「うえ〜ん」と
聞こえてきたよ。
何があったの？

1228
3回
イライラしている
オバケってなーんだ？

1229
1おく円あるのに
食べられない
もちってどんなモチ?

1230
頭にやどが
ついているのは
何の木?

1231
見ていると
ねむ~く
なってくるのは何の木?

1232
おそうじする時に
やくに立つ木って
どんなキ?

1233
トウモロコシを
おゆに入れたら
あらわれた、
でんせつの生きものは?

1234
おとしよりのための、
毛に色が
ついている日って
いつのこと?

1235
お金をはらったのに
こわくてキャーキャー
言ってしまう
おやしきは?

196~197ページのこたえ

1207 ススキ(す、すき!) **1208** ショウガ(正月→ショウガ、つ) **1209** 花びら **1210** 三つ目こぞう(見つめ、子ゾウ) **1211** 夕(ゆうれい→夕、0) **1212** 口さけ女(口、酒、女) **1213** とうめい人間(戸、うめー、人間) **1214** かいすいよくじょう **1215** ちゃんばら **1216** イヒ(花の漢字の下がカタカナの「イヒ」) **1217** アドバイス **1218** L(ササ、L→ささえる) **1219** たいまつ **1220** はつゆき **1221** こうよう(こうよ~!)

1236

しゅくじつと
休日。
とちゅうで
当たりや外れが
あるのはどっち？

1237

たいようの下では
どんなふうに
わらうのかな？

1238

1つでも2つでも
計算すると64。
みどり色や茶色の
これなあに？

1239

丸を点にすると
田んぼで
ぼ〜っとしちゃう
お花って？

1240

点をとったら
すごくむずかしい
なぞなぞも
かんたんになるのは
いつだろう？

1241

すばやくうごく
しょくぶつと
いえば何？

1242

チューリップの
ねもとで
9回鳴いている
どうぶつは
なーんだ？

ヒント
上じゃなくて根元に
ちゅうもくワン！

1243

しょくぶつが
生きるために
大切な「ち」って
なあに？

1244
かいすいよくと
川あそび。
とちゅうですわり
たくなるのは
どちらかな？

1245
じんじゃに
おまいりする
うでって
どんなウデ？

1246
すわって入ったり
あたたまったり
するものなのに、
子どもがつかうと
立つものって？

1247
お正月も
冬休みもない
1月って
なーんだ？

1248
サクラから
できた、
見とれちゃうほど
うつくしい
「ぶき」って
どんなブキ？

1249
みんなに
おすすめ
したくなる
花って
なーんだ？

1250
ものをのせて
はこぶことが
できるきかんは
夏の、いつ？

198〜199ページのこたえ

1222 レインコート　**1223** あつさ（あ、つい…）　**1224** 梅雨　**1225** レンゲ
1226 シロツメクサ（白、つめ、くさ！）　**1227** にゅうえんしき（にゅ、うえ〜ん、しき）
1228 ミイラ（3、イラ）　**1229** お金もち　**1230** ヤドリギ　**1231** ネムノキ
1232 ほうき　**1233** ユニコーン（湯にコーン）　**1234** けいろうの日（毛、色、の日）
1235 おばけやしき

1251
さむくてふるえても「ふるえん！」と言いはって、やっぱりたいちょうがわるくなるびょうきって？

1252
7月7日は七夕。外に出ればいつでもあるのは何バタ？

1253
わたをのせてたびをしている鳥ってなーんだ？

1254
バトルする時にさきはじめる花の名前は？

1255
家に帰るまでによりみちしている子が食べる草ってなあに？

1256
「何かようじ？」と聞いてくるこわ～いものは？

1257
はっぱを2まいもっているのはお父さんとお母さんのどっち？

1258
どうぐの入った雲があらわれるきせつは春夏秋冬のうちのいつになる？

1259

入学する時は
にゅうがくしき。
そつぎょうする時は
そつぎょうしき。
では、1番新しい
のは何シキ？

1260

前が見えなくて
何かがわれたら
おわるゲーム。
これなーんだ？

1261

「クジラ・サメ・
エイ」
春だと色が
とうめいで
ちゅるんとおいしく
食べられるのは？

1262

黒というのに
むらさき色や
白や黄色。
よごれていなくても
カスがついている
花の名前は？

1263

うちあげ花火の
中で
とんでいるのは
どんなチョウ？

1264

ランドセルを
つかう時に
せなかにくっつくのは、
王さま？
おきさきさま？

1265

さむくなるほど
あつくなる、
つめたいものって
なーんだ？

200〜201ページのこたえ

1236 しゅくじつ（しゅくじつ） **1237** ニッコ〜（日光） **1238** はっぱ（8×8＝64） **1239** タンポポ（ポをボにすると→田んぼ、ぼ〜） **1240** がんたん **1241** ササ（ササッ） **1242** キツネ（根元にあるのはきゅうこん→9、コン！） **1243** 土 **1244** かいすいよく（かいすいよく） **1245** はつもうで **1246** こたつ（子、立つ） **1247** 11月 **1248** サクラふぶき（花ふぶき） **1249** スイセン **1250** おぼん

1266

コスモスの上にいる人は
大人？ 子ども？

1267

たいようのまわりに
さいている、
黄色い花ってなあに？

1268

すみっこを見れば
さいている
むらさき色の花ってなあに？

クリア！

1269
サルビアの花にくっついてはなれないどうぶつはなーんだ？

1270
夏はみどり色で秋には黄色。風にとばされるチョウは何かな？

1271
9人のおばあさんがあつまった時、足元に生えていたしょくぶつは何？

202〜203ページのこたえ

1251 インフルエンザ（インフルエンザ） **1252** みちばた **1253** わたりどり
1254 ショウブ（勝負） **1255** 道草（道草を食う） **1256** ようかい（何かようかい？）
1257 お母さん（母→葉、葉） **1258** 夏（にゅうどうぐも） **1259** 最新式
1260 スイカわり **1261** サメ（春雨） **1262** クロッカス **1263** アゲハチョウ（うちあげはなび） **1264** 王さま（せおう） **1265** こおり（さむくなるほどぶあつくなる）

1272

食べたら
おいしそうな、
冬から春にかけて
花がさく木は？

1273

火をつける
ための木って
どんなキ？

1274

お花ばたけに
かならずある、
お花じゃない
しょくぶつって
なーんだ？

1275

お花は
いくつあったら
おしゃべりを
はじめるの？

1276

はやった時に
のらないで
ひくものって
なあに？

1277

点をとったら
下に生えていた
しょくぶつは
何だろう？

1278

2回「バキッ」と
音がした、
赤い花がさく
木はなーんだ？

ヒント

2はえいごで
ツーというワン！

1279

ほんものと
にせものの
見分けがつかない
クリといえば？

1280

頭の中でしか
生まれない
しょくぶつって
何そう?

1281

スジについている
ななめの線を
ひっこぬいたら
生えてきた、
むらさき色の
花の名前は?

1282

みんなが
「?」と
思ってしまう木は
いったい何?

1283

人間が生まれる
前に本当にいた
リュウって
なーんだ?

1284

草や花はしょく
ぶつ、犬やネコは
どうぶつ。では、
あなたがすき
なのは何ぶつ?

1285

くらといっても
たからものは
入っていないよ。
春に見られる
クラってなあに?

1286

たいようの光が
よく当たるのは
家のどこかな?

204～205ページのこたえ

1266 子ども（子、スモス） **1267** ヒマワリ（日、まわり） **1268** スミレ **1269** サル（サルビア） **1270** イチョウ **1271** クローバー（9、おばあさん＝ろうば）

1287
「木・林・森」
おまつりで
見るのはどれ？

1288
オバケとゆうれい。
ころんでも
手当てをしなくて
いいのはどっち？

1289
さむい時にだけ
見えるものって
何かな？

1290
かふんしょうでも
ないのに
ソファーの近くで
くしゃみを
しているものは？

1291
テストに
つかわれる
けんの数は
いくつかな？

1292
長い夏休みに
しつもんしたよ。
何と聞いたの？

1293
ラジオたいそう
だいいちと
ラジオたいそう
だいに。
いいのはどっち？

1294
「海・プール・川」
近くにいどが
あるのはどれ？

1295
えいごが話せたらプリンが食べられるきせつは、春夏秋冬のどれ?

1296
ほんものかと思ったらイラストだったのは、木のどのぶぶん?

1297
食べるとおなかのあたりが光る、お米のひんしゅって?

1298
こわがりな人が食べたくないめしってどんなメシ?

1299
お正月に2人でやって来た人は?

1300
母の日におくるのはカーネーション。冬にきれいなのは何ネーション?

1301
サクラの花びらをいろどっている、サクランボじゃないくだものって?

206〜207ページのこたえ

1272 ウメ(うめ〜) **1273** まき、たきぎ **1274** 竹(おはなばたけ) **1275** 4つ(花、4、はじめる) **1276** かぜ **1277** シダ(点をとると下) **1278** ツバキ(2、バキッ) **1279** そっくり **1280** くうそう **1281** フジ(「ス」の2画目をとると「フ」) **1282** ふしぎ **1283** きょうりゅう **1284** こうぶつ **1285** サクラ **1286** テラス(照らす)

1302
お肉売り場で見かける、きれいな花ってなーんだ？

1303
ゆうれいの後ろにあるお店は何やさんなの？

ヒント
ゆうれいは何て言いながら出てくるかな？

1304
ぬのがたくさんついている、青くて小さな花の名前は？

1305
1を足したら数が7になる黄色い花ってなーんだ？

1306
おすしやさんで見るのはガリ。では、うみべで貝を見つけるのはどんなガリ？

1307
さむくなったら入ってあたたかくなるとさめるものは？

1308
食べたらおいしそうな秋の雲ってどんなクモ？

1309
鳥だと長生きといわれ、
しょくぶつだと細長い。
これなーんだ？

1310
「ぼうは
ないんかい！」と
ツッコミが入る
会ってなあに？

1311
さむい日に
かつやくする
色ってなーんだ？

1312
しょくぶつなら
みどり、人間は白、
ハサミはぎん。
これなあに？

1313
おざしきでわらを
４つかかえている、
子どもの
ようかいって？

1314
夜になったら
パイをいやがる
オバケって何？

1315
ゆうれいに
なれそうなのは
アシカと
イルカの
どっちかな？

208〜209ページのこたえ

1287 林（おはやし）　**1288** ゆうれい（けががない→「ケ」がないから）　**1289** いき　**1290** クッション　**1291** ４つ（４、けん）　**1292** いつ休み？（「な」が「い」休み→いつ休み）　**1293** ラジオたいそうだいいち（ラジオたいそうだいいち）　**1294** プール（プールサイドがある）　**1295** 春（＝英語でスプリング）　**1296** えだ（絵だ！）　**1297** コシヒカリ　**1298** きもだめし　**1299** おしょうさん（おしょうが２）　**1300** イルミネーション　**1301** モモ（もも色）

1316

にゅうがく
しきに
かくれんぼ
しているのは、
子(こ)ども？
大人(おとな)？

1317

見(み)たら
びっくりする
ほどさむくなり、
なめると
からいものって
なーんだ？

1318

火曜日(かようび)だけ
きらいになる、
むかしの家(いえ)の
やねにつかわれて
いた細長(ほそなが)い草(くさ)は？

1319

雪(ゆき)がたくさん
ふる土(つち)って
どんなツチ？

1320

みんなが「くさい」
と言(い)う、玉入(たまい)れや
リレーをする
スポーツの
イベントって
なーんだ？

1321

せのひくい子(こ)と
せの高(たか)い子(こ)の
間(あいだ)に生(は)えている
草(くさ)って
どんなクサ？

1322

「123456
7899」という
しょくぶつって
なーんだ？

ヒント
10が9に
なっているね！

1323

右(みぎ)は右(みぎ)がわ
左(ひだり)は左(ひだり)がわ。
では、夜空(よぞら)に
あるのは何(なに)ガワ？

1324
夏におかしを
食べたのは
さいきん？
ずっと前？

1325
あつければ
あついほど
おもくて時間が
かかるものって
何だろう？

1326
たんざくに書いた
姉のねがいは
とてもすてきで
やさしかったよ。
何と書いて
あったのかな？

1327
十に一を足したら
生えてきた
しょくぶつは何？

1328
字にすると
赤いのは
「草・花・木」の
うちどれだろう？

1329
6と4が
ぬけている
子どもの
ぎょうじって
なーんだ？

1330
「だれ？」と
4回聞いた時に
さいていたサクラの
しゅるいは何？

210〜211ページのこたえ

1302 バラ（バラ肉） **1303** めしや（うらめしや→裏＝後ろ、めしや） **1304** オオイヌノフグリ（多い、布、フグリ） **1305** ナノハナ（ナ「ノ」ハナに1を足すとナ「ナ」→7、花） **1306** しおひがり **1307** とうみん **1308** いわし雲 **1309** ツル **1310** ぼうねんかい（ぼう、ねえんかい！） **1311** カイロ **1312** は（葉・歯・刃） **1313** ざしきわらし（ざしき、わら、4） **1314** バンパイヤ（晩、パイ、ヤ！） **1315** イルカ（アシ→足がないから）

1331

「サツマイモ・
カボチャ・クリ」
この中でパンに
なるのはどれ？

1332

「おじぎ・
うでぐみ・あぐら」
この中でゆうれいに
にているのは？

1333

ゆうれいが
しゃべることばは
「ごめんなさい」と
「ありがとう」の
どちらかな？

1334

春といえば
イチゴがり、
秋といえばブドウがり。
夏がにがてなのは
何ガリ？

1335

おだんごについた
点を1つとったら
日にちがかわった！
5月5日か3月3日の
どっちになった？

1336

春夏秋冬のうち、
いつもお日さまが
見えるのは
どのきせつ？

1337

春夏秋冬のうち、
まん中に「め」が
ついているのは
どのきせつ？

1338

春夏秋冬のうち、
「の」をとったら
天気がよくなるのは
どのきせつ？

1339
1年のおわりにやってくるマツってなーんだ？

1340
「はんふへほ」と言う花って何のハナ？

1341
あつめられないけれどよせて、かりていないのにかえすものってなーんだ？

1342
春になるときえてしまう、人が入れるほど大きなまくらって？

1343
秋にとれるくだものだけど、夏のじきをあらわしているくだものって？

1344
海にある大きなバラってなーんだ？

1345
くうそうのものがたりのナシってどんなナシ？

212〜213ページのこたえ

1316 子ども（「学」の漢字に「子」がある） **1317** ワサビ（わ！ さびぃ〜） **1318** カヤ（火、ヤ！） **1319** ごうせつ地 **1320** たいいくさい **1321** たいかくさ **1322** じゅもく（10も9） **1323** 天の川 **1324** ずっと前（夏、かし→なつかしい） **1325** 本（ぶあついから） **1326** 愛（あねの「ね」が「い」→あいのねがい） **1327** 木（十＋一→キ） **1328** 花（花、字→はなぢ） **1329** 七五三 **1330** シダレザクラ（4、だれ？、ザクラ）

1346
キャンプをする時にあるドアは何ドア？

1347
「マツ・竹・ウメ」あなたがせいちょうするたびに大きくなるのはどーれだ？

1348
タとミを合わせるとうかびあがるきせつはいつ？

1349
ゲタとくつ。花がついているのはどっち？

1350
おわらいげいにんがツッコミをしたくなる木ってなあに？

1351
そりとつり。おわらいげいにんがいやがるのはどっちだろう？

ヒント
小さい「ゎ」になっているのがポイントだ！

1352
「ゎ」という休日があるよ。何の日かな？

1353
お正月に字を書く時に食べるくだものは「モモ・クリ・カキ」のうち、どーれだ？

きせつのボーナスもんだい

とちゅうのなぞなぞをといてゴールをめざそう！

1354
1355

スタート
水の中じゃなく
空をおよぐ5月にしか
見られない魚って？
つめたくて
あまいあじがする
オリってなあに？
ゴール

※「きせつのボーナスもんだい」のこたえは、319 ページにあるよ。

214～216ページのこたえ

1331 カボチャ（＝英語でパンプキンだから） **1332** おじぎ（ゆうれい→ゆう、礼＝おじぎ） **1333** ありがとう（ゆうれい→言う、礼） **1334** あつがり **1335** 5月5日（だんご→たんご→たんごの節句＝5月5日） **1336** 春（日という漢字が入っている） **1337** 夏（目という漢字が入っている） **1338** 春（ハ「ル」→ノをとるとハ「レ」） **1339** ねんまつ **1340** ヒガンバナ（「ひ」が「ん」、花） **1341** なみ **1342** かまくら **1343** カキ（夏季） **1344** 大海原 **1345** おとぎばなし **1346** アウトドア **1347** 竹（せたけが大きくなる） **1348** 冬（「夕」の下に「ミ」） **1349** ゲタ（はなおがついている） **1350** ボケ **1351** そり（すべるから） **1352** しょうわの日（小、わ、の日） **1353** カキ（かきぞめ）

ステージ6

みぢかなもののなぞなぞ

ふわ～！1年間の楽しいことを一気にたいけんできたな～
だれかのおうちに来たけれど…今回のテーマは何だろう？
今回のなぞなぞテーマはみぢかなものワン！
ステージ6
たとえばマコトが今手をついているテーブル！
へ？これ？
ミノリがもっているめざまし時計！
どっちも2人の「みぢかなもの」だワン！
それにあれもこれもそれも…
ああと2人の体もテーマの1つワン！
ええ～そんなものまで～!?

1356

くつをはいたり
ぬいだりする
カンって
どんなカン?

1357

イスはイスでも
玉子に
つつまれてる
イスってなあに?

1358

目をあけると
見られなくて、
目をとじて
やっと見られる
ものって?

1359

元気よく
しゅっぱつする時に
つかう数字って
なーんだ?

1360

りょうりを作る
時につかう、
食べられなくて
空がとべそうな
パンって?

1361

かわをむいたら
食べられる
丸いレンジって
なーんだ?

1362

かぞくの中で
食べものを
もっている
女の子ってだれ?

ヒント

こぶしをつき上げて
「行くぞー!」って
言いたくなるね!

1363
顔の上の方に
くっついている
タイって
どんなタイ?

1364
ふんだら
すべって
ころびそうな
7ってなーんだ?

1365
おでこや手首に
当てたり
わきにはさんだりして
たしかめるどうぐは?

1366
顔についている
やわらかいビルって
なあに?

ヒント
おしゃべりなビルだワン!

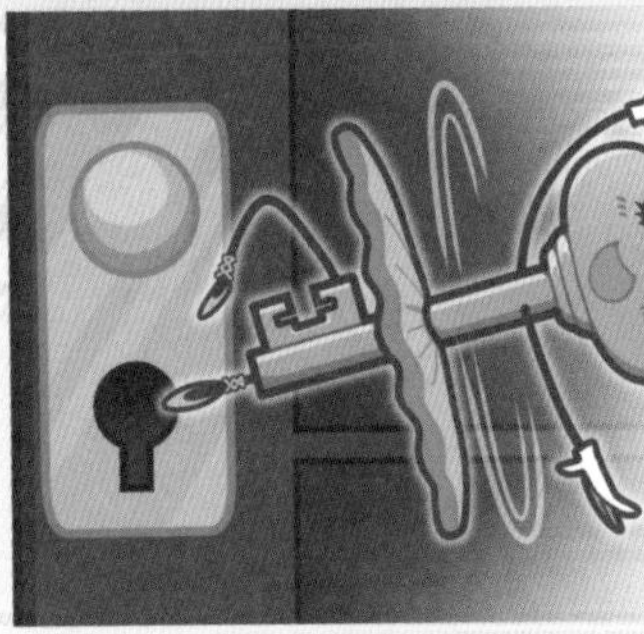

1367

足からっ入って
くるくる回って
とびらをあける
ものって?

1368

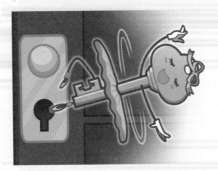

もんくばかり言って
みんなをこまらせる
ママって
どんなママ?

1369

れいぞうこには
入っていて
れいとうこには
入っていない
大きな
生きものって?

219ページのこたえ

1356 げんかん　**1357** オムライス　**1358** ゆめ　**1359** 5(ゴー!)　**1360** フライパン(とぶ=フライ、パン)　**1361** オレンジ　**1362** 妹(いもうと)

1370

とってもみじかい
かみでしか
作れないうずって
なあに？

1371

晴れてほしい時に
まどぎわにかざる
うずってなあに？

1372

名前につけると
ていねいに
人をよべる
数って？

1373

ちっとも
切れないのに
つまむだけで
まんぞくできる
ハサミって？

1374

2を
いやがっている
どうぶつは
なーんだ？

1375

体の
下のほうにある
2つの首って
なあに？

1376

体の
よこの方に
2つついている
首って
どんなクビ？

1377
耳の下のほうで
さかさまになって
ぶら下がっている
どうぶつは？

1378
「ねえねえねえ！」と
声をかけてきた
かぞくはだれ？

1379
つめたくないのに
さわると手が
ふるえてしまう
ものってなあに？

1380
めんが１０００こ
ついていて
水が出るばしょ。
これ、どーこだ？

1381
もうふをかける時
鳴いていた
どうぶつは？

1382
さかさまにして
読んでも
ちっとも
おかしくない紙。
これ、なーんだ？

1383
きれいで
いいかおりが
しそうなのは
顔のどのぶぶん？

220〜221ページのこたえ

1363 ひたい **1364** バナナ **1365** たいおんけい **1366** くちびる **1367** かぎ **1368** わがまま **1369** ゾウ（れいぞうこ）

1384

お玉から足や
手が生えてきたよ。
どんなオタマ？

1385

ひっくりかえると
ムズムズしちゃうのは
へやの中で
「ゆか・てんじょう・
かべ」のどれ？

1386

へやにないと
こまる
「5・3・8・5」
これなあに？

1387

近くにあっても
遠くにかんじて
しまう数って
なーんだ？

1388

人が2つ
もっている、
とじたり
ひらいたりする
ブタって何？

1389

けががなおる時に
あらわれる
ブタって
どんなブタ？

1390

はを見せながら
3回わらうのは
かぞくのだれ？

ヒント

歯を見せて
「にーっ」と
わらうよね！

1391

のみものを
入れないで
土をのせて
外でつかう
コップって？

1392

長くてきれいな
かみの毛から
2回聞こえてくる
音って？

1393

はだが
きれいな顔に
2羽の鳥が
やって来たよ。
何の鳥かな？

1394

さわり心地がいい
はだに2こ
くっついている
食べものは？

1395

しんぞうから
聞こえてくると
知らんぷりされる
音は「ドレミファ
ソラシド」のうち、
どれかな？

1396

ランプの上に
さいている
花って
なあに？

1397

家は1けんと
数えるけれど、
かたあしで立って
ジャンプしながら
前にすすむ家は
何ケン？

1398

ママがいやがる、
家の上にある
ものって何？

222〜223ページのこたえ

1370 ぼうず **1371** てるてるぼうず **1372** 3（○○さん） **1373** せんたくバサミ **1374** ネコ（2、イヤ→ニャー） **1375** 足首 **1376** 手首 **1377** ブタ（みみたぶ） **1378** 姉さん（ねぇ、3） **1379** テーブル（手ぇ、ブルッ） **1380** せんめんじょ（1000、めん、所） **1381** 牛（モー、ふ） **1382** 新聞紙（さかさまに読んでもしんぶんし） **1383** 鼻（花）

1399

手と足の先にある
20この目って
どんなメ？

1400

しずかにして
ほしい時に
ついしゃべって
しまう数字は？

1401

家のまわりにある
「わわ」って
なーんだ？

ヒント
2この
「わ」だワン！

1402

小さくなりながら
きれいに
してくれるけんって
どんなケン？

1403

パタパタと
音を立てながら
ほこりをはらう
たきって
なーんだ？

1404

りっぱなのに
みんなから
ふまれてしまう
ものって何？

1405

リビングのまん中に
おいてある
とうめいなものって
なーんだ？

1406
びっくりしたら、引っぱっていないのにぬけるぶぶんって体のどこ？

1407
お父さんがいつも家の中でしているそりってなあに？

1408
おとしたらわれる5ってどんなゴ？

1409
かみの毛がみじかい人を見ると食べたくなるケーキって何ケーキ？

1410
とってもおいしいものを食べたらおっこちてきたものはなーんだ？

1411
オバケやしきで3回おどろかしてきたかぞくは？

1412
3回よんでもじっとうごかなかったかぞくはだあれ？

224〜225ページのこたえ

1384 オタマジャクシ　**1385** ゆか（さかさまに読むと「かゆ」）　**1386** ごみばこ（5、3、8、5）　**1387** 10（10→遠っ！）　**1388** まぶた　**1389** かさぶた　**1390** 兄さん（にーっ！、3）　**1391** スコップ　**1392** サラ（サラサラ）　**1393** ツル（ツルツル）　**1394** もち（もちもち）　**1395** ラ（しらんぞう）　**1396** ラン（ランプ）　**1397** ケンケン　**1398** やね（ヤーねぇ～）

1413

かいだんの上に
おいてある
食べものって
なーんだ?

1414

リップとクリが
合体したら
ものをはさむのに
べんりになったよ。
これなあに?

1415

買いものぶくろや
紙ぶくろの
下の方は何色?

1416

こわしても
こわれなくて、
へってもちっとも
数がかわらない
ものは?

1417

目のまわりに
たくさん
生えている
木ってなーんだ?

1418

顔から出ている
細長い2つの
ゆげって何?

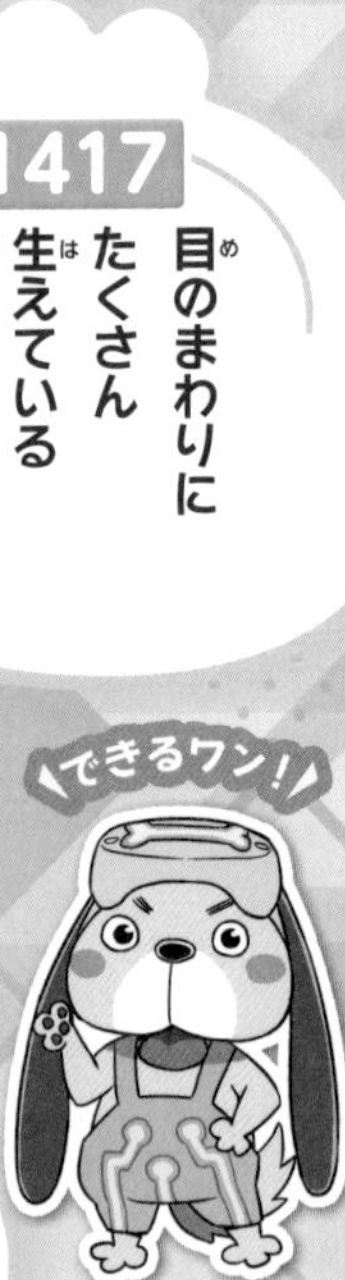

1419

家の中でロウが
ついているのに
すべらない
ばしょってどこ?

1420

弟がどんなに
がんばっても
兄をこせない
ものって
なーんだ?

1421
火や水や土や木が
ならんでいて
みんながながめる
紙って？

1422
上下を
さかさまにすると
3つへる数字って
なあに？

1423
りょうりする時に
やくに立つ、
キラキラした
とべないチョウ。
これなあに？

1424
ちらかっていても
「きちんと
している」と
言ってもらえる
のは、どのへや？

1425
「目・はな・口」
この中で
ナミが出てこない
のはどれ？

1426
お母さんの
いるところで
3回鳴いた
どうぶつって
なーんだ？

1427
おなかに
かみが生えたら
もくてきちに
早くつくのは
父？ 母？

226〜227ページのこたえ

1399 つめ **1400** 4（しぃ〜！） **1401** にわ（2、わ） **1402** せっけん **1403** はたき **1404** スリッパ **1405** ビン（リビング） **1406** こし **1407** ひげそり **1408** たまご **1409** ショートケーキ **1410** ほっぺた **1411** おばあさん（お、ばぁ！、3） **1412** おじいさん（お、じぃ〜、3）

1428

「あああああ」という体のいちぶはどこのこと？

1429

えんぴつやボールペンがささっているタテってどんなタテ？

1430

毛糸をならべかえたらうごきだしたよ。これなあに？

1431

頭がよくなるべんきっていったい何？

1432

クッキーを作る時につかう体のぶぶんは？

1433

やきにくにつかう、上でりょうりが作れる黒くて四角いパンってどんなパン？

1434

買ったばかりなのにショックをうけた、お花を入れるものって？

ヒント

ショックをうけたらつい「ガビーン！」って言っちゃう…！

1435

けがをしていなくてもくすりがついているのは体のどのぶぶん？

1436
大きなタオルの
上にのっている
のりものって
なあに？

1437
ゆうしょうは
できなかった
けれど
えがおになれた
じゅんいは？

1438
回るだけで
ちっとも
すすまない
おもちゃの車。
これなーんだ？

1439
2つあったら
そうじ
したくなるよ。
何という
ちょうみりょう
かな？

1440
顔の中で、
なぜか
ちゅういされる
ぶぶんって
なーんだ？

1441
今日は
ぜったいに
見られない
したって
どんなシタ？

1442
何色のペンで
書いても、
さかさまにして
見ると
まっ黒になる
数字って何？

228〜229ページのこたえ

1413 貝（かいだん） **1414** クリップ **1415** 黒色（買いものぶくろ、紙ぶくろ） **1416** おなか **1417** マツ（まつ毛） **1418** まゆ毛 **1419** ろうか **1420** 年れい **1421** カレンダー **1422** 9（さかさまにすると6） **1423** ほうちょう **1424** キッチン **1425** 口（目からはナミダ、はなからはハナミズが出る） **1426** カラス（カー、3） **1427** 父（ちかみち）

1443

タイの中に
池があって、池の中が
10になっているものって
なーんだ？

1444

上下に分けると
数がなくなって
右半分にすると
5つへる
数字って？

ヒント
数字の形を
チェック！

1445

まん中の線を
とると
けしてしまいたくなる
いれものって
なあに？

1446

道を通せんぼ
してきた
いじわるな
かぞくはだれ？

1447

「ガサッ」と
大きな音がして、
雨がふる日まで
出番がないものって
なあに？

1448

たたむとカバンに入って、
広げることも
できるたたみ。
これなーんだ？

1449

あつい時に
くるくる回って
やくに立つ木って
どんなキ？

クリア！

1450

手で作る小さな
「ぶし」って
どんなブシ？

1451

つくえの
まん中をかくしたら
あらわれた、
細長いどうぐは
なーんだ？

1452

だれもけがを
しなかったのに、
「ち」がついてしまった
日っていつのこと？

1453

気をつけて
さわらないと
けがをする
たなって
なーんだ？

1454

オリが3つあったら
いろいろなものに
へんしんするよ。
これなあに？

1455

ものほしざおの
まん中についている、
夜に光るものって
なーんだ？

1456

耳の中を
きれいにしてくれる
カキって
どんなカキ？

230～231ページのこたえ

1428 あご（あ、ご） **1429** ペン立て **1430** 時計 **1431** べんきょう **1432** かた（型） **1433** てっぱん **1434** かびん **1435** くすりゆび **1436** バス（バスタオル） **1437** 2位（にぃ～！） **1438** 風車 **1439** す（スス） **1440** 目（めっ！） **1441** 明日 **1442** 6（さかさまに読むとくろ）

1457
電気をつけるのに
1つひつようなちょうみりょうって?

1458
まん中が
モコッとしていて
テレビをあやつるものって
なーんだ?

1459
かぜをひいた時に
「歯」をつかわずに
かむものって
なあに?

1460
くしとヘアブラシ。
つかうとかみの毛が
ツヤツヤしそうなのは
どっち?

1461
さむいきせつに
へやの中で
かつやくする月って
どんなツキ?

1462
買いものした
時にしか
できないつりって
どんなツリ?

1463
食べると
お父さんのことを
いやがってしまう
くだものって?

1464
毎日めくる
カレンダーの
上にいるのは、
おひめさま?
王子さま?

1465
家に来た人が
げんかんの前でおすのは
「本・ノート・ペン」の
うち、どれになる？

1466
夜、お父さんの
かたをもんで
あげたのは何時？

1467
きゅうきゅうばこの中で
わらっているものって
なーんだ？

1468
子どもがのって楽しむ、
タイヤもハンドルも
ない車ってどんな車？

1469
サイが
かんしんしている
どうぐって
なーんだ？

1470
「に」のつぎが
「さん」じゃ
なかったら
何になる？

1471
ばくしょう
した時に
かかえるものは？

232〜233ページのこたえ

1443 たいじゅうけい（タい10けイ） **1444** 8（上下に分けると0、右半分にすると3） **1445** ケース（まん中の線をとると「消す」） **1446** 父さん（通さん！） **1447** おきがさ（大きい、ガサッ） **1448** おりたたみがさ **1449** せんぷうき **1450** こぶし **1451** つえ **1452** 一日（ついた、血） **1453** 刀 **1454** おりがみ（オリが、3） **1455** 星（ものほしざお） **1456** 耳かき

1472

「タンタンタン
タンタンタンタン
タンタンタン」と
音が聞こえる、
ぺちゃんこな
ものは何？

1473

ランキングで
どうしても
見つからなくて
どうようする
じゅんいは？

1474

おじいちゃんと
クリームを
食べようとしたら
アイスになったよ。
これなーんだ？

1475

おばあちゃんが
ボロッと
こぼしてしまった
食べものって
なーんだ？

1476

お姉さんの
右がわには
何がある？

1477

ごはんをよそう、
読めない文字って
どんなモジ？

1478

つかうと
ほっぺが赤くなる
家電ってなあに？

ヒント

てれちゃって
あつくなる時の
音を考えてみよう！

1479

立つと近くなって
ねころぶほど
遠くなるものって？

1480
顔で
数えきれないほど
たくさんしている
たきってなあに？

1481
あまくて
おいしそうな
体のぶぶんは？

1482
計算すると
18になるのは
「お肉・やさい・
お魚」のどれ？

1483
数だととっても
たくさん、
虫だときれいで
ヒラヒラ。
これなーんだ？

1484
お友だちが
家のかぎを
かけたよ。
何ちゃんかな？

1485
食べたくても
食べられない
おかしのねだんは
何円？

1486
かんよう
しょくぶつと
生け花。
上がきんぞくで
できているのは
どっち だ？

234〜235ページのこたえ

1457 す（スイッチ→す、1） **1458** リモコン **1459** はな **1460** ヘアブラシ（ヘアブラシには油がついているから） **1461** かしつき **1462** おつり **1463** パパイヤ **1464** おひめさま（日めくりカレンダー） **1465** 本（インターホン） **1466** マッサージ **1467** くすり（クスリ…） **1468** かたぐるま **1469** さいほうどうぐ（サイ、ほ〜、どうぐ） **1470** ひらがなの「ぬ」 **1471** はら

1487

いつもは足が4本で、人がやって来ると足が6本になるものってなあに？

1488

かなしくなくてもりょうりする時「ないた」と言うものはなーんだ？

1489

買ったばかりでもこわれているちょうみりょうって何のこと？

クリア！

1490

読めないし書けなくて、細長くてとがっている字はどんなジ？

1491

音で時間を知らせてくれてさわらないといけない時計ってなーんだ？

1492

キッチンやげんかんのゆかに広がってみんなにふまれている戸ってどんなト？

236〜237ページのこたえ

1472 じゅうたん（10、タン） **1473** 7位（な、ない！） **1474** ソフトクリーム（おじいちゃん＝そふ、とクリーム） **1475** そぼろ（おばあちゃん＝そぼ、ボロッ） **1476** 市（姉の漢字の右は市） **1477** しゃもじ **1478** ポット **1479** てんじょう **1480** まばたき **1481** 太もも（モモがあるから） **1482** お肉（2×9＝18） **1483** ちょう（兆・チョウ） **1484** ガチャン！ **1485** 9円（食えん） **1486** かんようしょくぶつ（カンがついているから）

1493
お兄さんの
木って
どんなキ?

1494
顔の中で
ついかんしんして
しまうところって
どーこだ?

1495
なぞなぞを
とくと
やってくる
ケツって
どんなケツ?

1496
いとこは
いとこでも
プルプルした
食べられる
イトコって
なあに?

1497
さいしょはポン、
つぎはホン、
そのつぎはボン。
これなーんだ?

1498
のみものを
のんでいると
かけ算が2回
聞こえてきたよ。
何×何?

1499
おひめさまになる
ゆびって
どんなユビ?

1500
いつも
兄弟げんかを
止めるのは
かぞくのだあれ?

1501
家のまわりで
元気に声を
かけてきたものは
なあに？

1502
家を雨から
まもってくれる、
ながれない川って
何のこと？

1503
夜の7時に
おふとんに入る
やねって
どんなヤネ？

1504
おきている時は
かけなくて
ねている時に
かくものって
なーんだ？

1505
おきている時も
すわっている時も
ねている時も、
たっている
ものは何？

1506
みどり色の
はらって
どんなハラ？

1507
お父さんと
おじいさんと
おじいさんの
おしりの数を
足したらいくつ？

238〜239ページのこたえ

1487 イス **1488** まないた **1489** こしょう **1490** つまようじ **1491** めざまし時計 **1492** マット

1508
おしゃべりな人ほど
かるくなる
顔のぶぶんって
どこなの？

1509
むかしばなしに
出てくる
「1・9・3」って
だーれだ？

1510
線の中に
家がたっていて
みんなでおうえん
しているよ。
どんなおうえん？

1511
おなべに入れると
火をつけても
グツグツしない
お金は何円？

1512
かぎもふたも
ついていないのに
とじたりあけたり
するものって
なーんだ？

1513
ラとミの間にある
かぐって
なーんだ？

1514
細長い糸のような
数って何？

ヒント
線って
ことかな？

1515
ちがう方をむいていると
くっつきたがるくせに、
同じむきだと
はなれたがるもの
なーんだ？

1516
プリンとゼリー。紙をいんさつするのはどちらかな？

1517
「お」をつけたらこの本を読むのをやめたのは兄と弟？ 姉と妹？

1518
「あ」をつけたら年をとってしまうしんせきの女の人ってだれ？

1519
四から八をとったら見えてきた体のぶぶんはどこ？

1520
きゅうけいしたい時にはげんかんにくつを何足よういする？

1521
しごとのパートじゃなくてそこでくらせるパートってどんなパート？

1522
ねつをつかわずにとかすことができてむすんだ後にひらかなくて、あらうものは？

240〜241ページのこたえ

1493 あにき **1494** ほほ（ほほう〜） **1495** かいけつ **1496** 糸コンニャク **1497** 「本」が単位の数え方（1本、2本、3本） **1498** 5×9（ゴクゴク） **1499** おやゆび（おやゆびひめ） **1500** ママ（まぁまぁ） **1501** へい（ヘイ！） **1502** かわら **1503** はやね **1504** いびき **1505** 時間 **1506** 野原、草原、原っぱ **1507** 9つ（お父3＋おじ3＋おじい3）

1523

まえがみが
あるほど
見えなくなる
子って
どんなコ？

1524

牛は
何回鳴いたら
きょうぼうに
なるの？

ヒント

きょうぼうな
生きもののことを
「もうじゅう」
ともいうよ

1525

つかう時に電気を
ぜんぶけしたく
なるのは「ふとん・
もうふ・まくら」の
うち、どれ？

1526

かごの中に入れると
心のじゅんびが
できているか
できていないか
聞かれる数って？

1527

ホクロとソバカス。
半分は食べられそう
なのはどっち？

1528

おふろ場で
合体している
これなあに？

1529

かたづけを
さっさと
すませるのは
かぞくのだれ？

1530
すわっている時でもおこったら立つものってなーんだ？

1531
ぐちゃぐちゃのへやをきれいにするのは先生？せいと？

1532
早く来ないかとまっている時に長くなるのは体のどのぶぶん？

1533
ヒーローがてきをたおす時にキックする数っていくつ？

1534
しおが入っていないバターは何円で売っているの？

1535
ひざにいるどうぶつの赤ちゃんって何のこと？

1536
かたいものを切ったりまげたりできる、書けないペンってなーんだ？

242〜243ページのこたえ

1508 口　**1509** 一休さん（1、9、3）　**1510** せいえん　**1511** 2円（煮えん）
1512 カーテン　**1513** ソファー　**1514** 1000（線）　**1515** じしゃく　**1516** プリン（プリンター）　**1517** 姉と妹（お、姉妹→おしまい）　**1518** おばさん（おばあさん）
1519 口（漢数字の四から、中の八をとった）　**1520** 9足（休息）　**1521** アパート
1522 かみの毛

1537

家の中に
ロバがいるよ。
そのばしょは
どこかな?

1538

1〜9の中で
つつがある数は
どれ?

1539

へやの中で
ついにおいを
かいでしまう
ものって
なあに?

1540

トイレにある
そだたない
木って
どんなキ?

1541

1まいでも
つかう時に
36まいに
なるのは
かけぶとん?
しきぶとん?

1542

キッチンペーパー
の中でさかさまに
なっている
ぶんぼうぐって
なーんだ?

1543

スマートフォンを
つかうために
ひつような
電気の数って?

1544

耳の前にいる
女の人って
だーれだ?

1545
気づいたら
「カチャン!」と
かぎをかけた子は
だあれ?

1546
テストに
かならず
つかわれる
えいごの数って
なーんだ?

1547
上手になったら
上がって、
下手になったら
おちる
体のぶぶんって?

1548
家から出る時に
かくにんする
まりって
なあに?

1549
90点のテストを
しまうと
「おしかったね!」と
言われた
ばしょは?

1550
コントの
とちゅうで
線を引いたら
あなが2つ
あいていたよ。
これなあに?

1551
ねる時に
とっても
べんりなのに
「じゃまだ!」と
言われる
ものって何?

244~245ページのこたえ

1523 おでこ　**1524** 10回（もうじゅう→モー、10）　**1525** まくら（まっくら）　**1526** 9（カ9ゴ→かくご）　**1527** ソバカス（ソバカス）　**1528** トリートメント（鳥、糸、めん、戸）　**1529** パパ（パパッ）　**1530** はら　**1531** せいと（せいとんするから）　**1532** 首　**1533** 8つ（やっつける→8つ、ける）　**1534** 6円（むえんバター）　**1535** 子ゾウ（ひざこぞう）　**1536** ペンチ

1552

けがをなおしてくれるそうこをつかうのは、「朝・昼・ばん」のうち、いつ？

1553

けつえきがたは一生かわらないけれど、アレンジしたらかわるのは何ガタ？

1554

とっても大切な車の数は何台ある？

1555

数えるとえがおになるプレゼントの数っていくつ？

1556

家の中にあってびしょぬれになるふねって何ブネ？

1557

よこになって回りながらだんだんやせていく白いものってなーんだ？

1558

お母さんにあげたらお父さんにへんしんするのは「○○・△△・□□」のうちどれかな？

ヒント

お母さんは母ともいうワン！

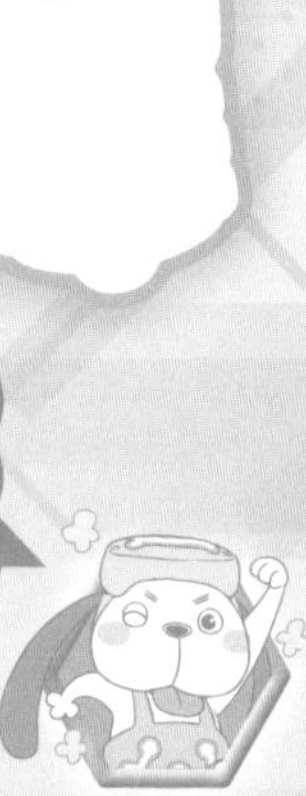

1559

のぼるのはかいだん、おがむのはぶつだん。買いもので気になるのは何ダン？

1560

かばんに
ぶら下がっている
ラップって
どんなラップ？

1561

頭をたたかれて
せがひくくなって
体が見えなくなっても
ささえてくれるものって
なあに？

1562

犬とネコ。
数字の1がすきなのは
どちらかな？

1563

1～15の中で
牛がかくれている
数はどれ？

1564

家の
すぐ外にある
寺って
どこのこと？

1565

だれもすんで
いない家を
きらいになって
しまうきせつは
いつ？

1566

いつも
家の中にいて
ちっともうごかず
えさも食べない
ペットって？

246～247ページのこたえ

1537 おふろ場 **1538** 5（5つ） **1539** 家具（嗅ぐ） **1540** べんき **1541** しきぶとん（ふとんをしく→4×9＝36） **1542** ペン（キッチンペーパー） **1543** 10（じゅうでん） **1544** ママ（「み」の前は「ま」→みみ→まま） **1545** 赤ちゃん（あ！、カチャン） **1546** 10（＝英語でテン→点） **1547** うで **1548** とじまり **1549** おしいれ（おしいね！） **1550** コンセント（コン、線、ト） **1551** パジャマ

1567
どうぶつの
おいしゃさんに
「ち」が!
いくつけがをした?

1568
冬に家の中で
あたたかくなる
かだんって
なーんだ?

1569
ふとんやまくらに
くっついて
はなれない
どうぶつがいるよ。
これなーんだ?

1570
ばしょを教えて
くれる数字って
なあに?

1571
家の中で
1番大きな
はしって
どんなハシ?

1572
家の前にある、
買いものできない
おさつって、
どんなサツ?

ヒント
おみそしるの
ぐっていうよね

1573
なかみが
空っぽでも
「ぐ」が
入っている
カップって?

1574
明かりを1つも
つけないへやで
本を読めたよ。
どうしてかな?

クリア!

1575
じだいげきに
出るとえらくなって、
みんなに頭を下げられる
かぞくってだれ?

1576
けっこんした
2人がもっていた
お金は何円?

1577
クリスマスイブは
1年に1回。
では、数が5の
イブはどんなイブ?

1578
ハエを
たいじしてくれる
たきって
どんなタキ?

1579
ジャムのビンに
ついている
音の鳴らないベルって
なーんだ?

1580
わしつにある
小さな文字が
書いてある
マス目って?

1581
「フフフ」と
わらっている人に
線を2つつけると
家の中のどの戸になる?

248~249ページのこたえ

1552 ばん(ばんそうこう) **1553** かみがた **1554** 10台(重大) **1555** 2こ(ニコッ) **1556** ゆぶね **1557** トイレットペーパー **1558** ○○(ハハに丸をつけるとパパになる) **1559** ねだん **1560** ストラップ **1561** くぎ **1562** 犬(1は英語でワン) **1563** 14(じゅうし) **1564** テラス **1565** 秋(空き家→秋、ヤ) **1566** カーペット

1582

ランチを
食べる時に4つ
つかいたくなる
マットって
なあに？

1583

どんどん
ふえていきそうな
水やりのいらない
花って何？

ヒント
にせものの
花のことだね！

1584

あいているまどには
どんなに
がんばっても
かけられない
ものってなあに？

1585

むかしの家で
ごはんを作る時に
火をつけて
つかっていたまどって
どんなマド？

1586

あまくて
おいしい、
キッチンで
作れるまどって
なあに？

1587

体の中で
かたより下にある
2つの
のうって
なーんだ？

1588

フローリングの
上にあるのに
べつのへや。
きれいになる時に
行くへやって？

クリア！

1589
体の中に
あるもので
くろうした時に
おれるものって
なーんだ？

1590
とり外せない
けれど、
てつだう時に
かしてあげる
ことができる
体のぶぶんは？

1591
ハサミのまん中に
ついているぼうを
ぬいたら、春に
することになるよ。
これなあに？

1592
おばあちゃんを
見つけた時に
さそうのは
「あそび・べんきょう・
ひるね」のうち、どれ？

1593
東西南北のうち
ブンブンと
虫がとんでいる
方向は？

1594
国の数を
計算すると
いくつになる？

1595
どんな色でも
「黒だ」と言う、
しょくたくに
かけてある
ものはなあに？

250～251ページのこたえ

1567 11（じゅうい、血！） **1568** ゆかだんぼう **1569** カバ（ふとんカバー、まくらカバー） **1570** 1（位置） **1571** はしら **1572** ひょうさつ **1573** マグカップ **1574** 昼間だったから **1575** 母（ははーっ！） **1576** 5円（ご縁） **1577** ファイブ（5は英語でファイブ） **1578** ハエたたき **1579** ラベル **1580** しょうじ（小、字） **1581** ふすま（フ「フ」「フ」に線を2つつける→フ「ス」「マ」）

1596

スマートフォンに
れんらくが来た
ことを知らせる
うちって
どんなウチ？

1597

たたみがあるのは
わしつ。
フローリングが
あるのはようしつ。
いつもしずかなのは
どんなへや？

1598

外から
がんばっても
なかなか見えない
かみって、
どんなカミ？

1599

かみの毛なのに
おいしそう。
どんなかみがた？

1600

さかさまにしたら
頭の上から
おっこちて
はずかしかった
ものってなあに？

1601

十から一を
引いたら
いくつになる？

1602

海の中にある
「でんでんでん
でんでんでんでん
でんでんでん」
これなあに？

ヒント
「でん」が
10こもあるよ！
海中も
ポイントだね

1603

お兄さんと
お姉さん。
数えたら
6人いたのは
どっち？

1604
へやのゆかの
ゴミを
すっかりきれいに
するじきって
どんなジキ？

1605
そうじがにがてな
人もしっかりと
ふいている
タンスって
どんなタンス？

1606
そうじしないけれど
はいて、
すすまないけれど
止める。
みんなが今も
していることは？

1607
おじいちゃんの顔に
たくさんあったので
数えてみたら
32もあったよ。
何の数かな？

1608
生きものに
ねつがあるのは
温度。
家電にあるのは
何ド？

1609
べんりな家電の
ドレスって
どんなドレス？

1610
おちこんだ時
じゃなくて
楽しい時に
へこむものって
なあに？

252～253ページのこたえ

1582 ランチョンマット（ランチ、4、マット） **1583** 造花（増加） **1584** かぎ **1585** かまど **1586** マドレーヌ **1587** にのうで（2、のう、で） **1588** ふろ **1589** ほね **1590** 手 **1591** 花見（ハ「サ」ミ→ハ「ナ」ミ） **1592** あそび（おばあちゃん＝そぼ→あ！、そぼ！） **1593** 西（2×4＝8→ハチ） **1594** 18（9×2） **1595** テーブルクロス（テーブル、黒ッス！）

1611

ワシが2羽
とんでいるへやを
何という?

1612

100円玉10まいと
1000円さつ1まい。
同じねだんでも
かちがあるのは
どちらかな?

1613

そこにあっても
見えないお金は
何円?

1614

ガが9ひき
あつまって
絵をかこんでいるよ。
さて、これなあに?

1615

引っかけるものが
ついていないのに
ふくにかけてきれいにする
ものってなあに?

1616

ふくの中にあったら
引っかかるのは
「ゃ・ゅ・っ・ょ」の
うち、どれ?

1617

「ケンケンケン」と
いう体のぶぶんは
どこのこと?

1618

ウソをついた人の
顔の中で
およいでいる
ものってなあに?

1619
お父さん、お兄さん、お姉さん。
そのつぎはだれ？

1620
はんせいする時に
ひやすばしょって？

1621
時計なのに
ひっくりかえさないと
時間がわからないのは
どんな時計？

1622
「だがし、ない」
ならべかえたら
キッチンにあるよ。
何になる？

1623
わるいことを
していないのに
ごはんをたくために
いはんするものって？

1624
ちょうみりょうの
「す」をもってきたくなる
きぐってなーんだ？

1625
つめたいけむりを
出しながら
どんどん小さくなる
すわれないイスって
なーんだ？

254〜255ページのこたえ

1596 通知　**1597** しんしつ（シーン、しつ）　**1598** なかみ　**1599** おだんご　**1600** かつら（さかさまに読むと落下）　**1601** 1（漢数字の十から一をとる）　**1602** かいちゅうでんとう（海中、でん、10）　**1603** お兄さん（2×3＝6）　**1604** そうじき　**1605** ようふくだんす（しっかりとふく＝よ〜拭く、タンス）　**1606** いき　**1607** シワ（4×8＝32）　**1608** コード　**1609** コードレス　**1610** えくぼ

1626
おなかにある、ないたらかいちゃうものってなあに？

1627
はずかしがりやの人のおしりの上には目がついているらしい。どうして？

1628
くんでもくんでもちっとも水がすくえないのはどうして？

1629
手もペンもつかわないで足だけでかくものってなーんだ？

1630
3と4にあって125678 9にないものってなあに？

1631
計算したらいろいろな色でいんさつできるかけ算は何？

1632
姉妹と兄弟。スターになるのはどっち？

ヒント
えいごにしてみるワン！

1633
まどの近くにしかないインドってどんなインド？

1634
たくさん歩くと
おかしくなくても
わらってしまう
体のぶぶんは？

1635
買いものぶくろと
マイバッグ。
うらがえして
つかうと
「さよなら」と
言うのはどっち？

1636
音が2回聞こえた
ばしょにいたのは
かぞくのだれ？

1637
二を足したら
のびる数って
なあに？

1638
9つに一を
足したら
きのみが
おちてきた。
これなーんだ？

1639
手前のはんたいで、
とっても多い数の
たんいは何？

1640
おそくなって
しまうと
あってもいみが
ないさらって
どんなサラ？

256～257ページのこたえ

1611 わしつ(ワシ、2) **1612** 100円玉10まい(硬貨→高価だから) **1613** 3円(見えん) **1614** 額（ガ、9） **1615** アイロン **1616** っ（ふっく） **1617** みけん（3、ケン） **1618** 目 **1619** 赤ちゃん（手の指のじゅんばん） **1620** 頭 **1621** すな時計 **1622** ながし台 **1623** すいはんき **1624** ストロー（す、とろう） **1625** ドライアイス

1641

体の中にある
細長いカンって
なーんだ?

1642

むねのあたりに
ある花は
「スミレ・
チューリップ・
バラ」のどれ?

1643

目の上に
「は」が
ついている
人って
だあれ?

1644

お兄ちゃんが
もっと
犬やネコの
なかまになるのは
「○・△・□」の
うち、どれ?

1645

かけ算を
する時
キック
したくなる
虫って
なーんだ?

1646

かけ算じゃない
のにかけて
中にいるのに出て、
はものを
つかわずに
切るものって?

ヒント
へやぎの
ことだね!

1647

家できるふくに
くっついている
どうぶつは、
ヒツジと
ヤギのうち、
どっち?

1648

スマートフォンの
きしゅ
ではなくて、
ライフルを
つかえるのは
どんなキシュ?

1649

同じ親から
同じ日に
生まれて
見た目も
にているのに、
ふたごじゃない。
これってなぜ？

1650

すわっていても
ねていても
数えると
立つ数は
1～10の中の
どれかかな？

1651

まどのまわりに
わっかがあるよ。
いくつ
あるかな？

1652

だいすきなものに
むちゅうになると
なくなってしまう
顔のいちぶって
どこのこと？

1653

かんたんに
つかえても
とちゅうで
くせん
してしまう、
キッチンに
あるものは？

1654

「マネしないよ！」と
言いはっている
数っていくつ？

1655

だまされたら
のる車って
どんなクルマ？

258～259ページのこたえ

1626 へそ（なきべそ） **1627** 人見知り（ひとみ、しり）だから **1628** うでや足を組んだから **1629** あぐら **1630** 「ん」という字 **1631** 1×9（インク） **1632** 姉妹（シスター） **1633** ブラインド **1634** ひざ **1635** マイバッグ（グッバイマ） **1636** 弟（音、音） **1637** 7（「し」＋二→「も」→もちになる） **1638** ココナツ（ココ「ノ」ツ＋一→ココ「ナ」ツ） **1639** 億（奥） **1640** いまさら

1656

どんなに
がんばっても
左足では
ふめないものって
なーんだ？

1657

1は1、2は2、
3は3、4は5、
5は4。
では、6は
いくつになる？

1658

さいきん家が
たったちくって
どんなチク？

1659

たいらな
いちって
どんなイチ？

1660

ほうちょうで
食べものを
切るたびに
出てくる
どうぶつって
なあに？

1661

戸をつけると
「うそじゃない
よね？」と
かくにんしたく
なるものは？

1662

「…998、999、
1001、1002…」
このどうぐ、
なーんだ？

1663

ふねは1つで
いっそう。
では、中が水だらけで
とうめいなのは
何ソウ？

ヒント

1000だけ
とばされてる!?

みぢかなもののボーナスもんだい

1664

スタートのなぞなぞをといて、こたえの文字をひろってゴールしよう！

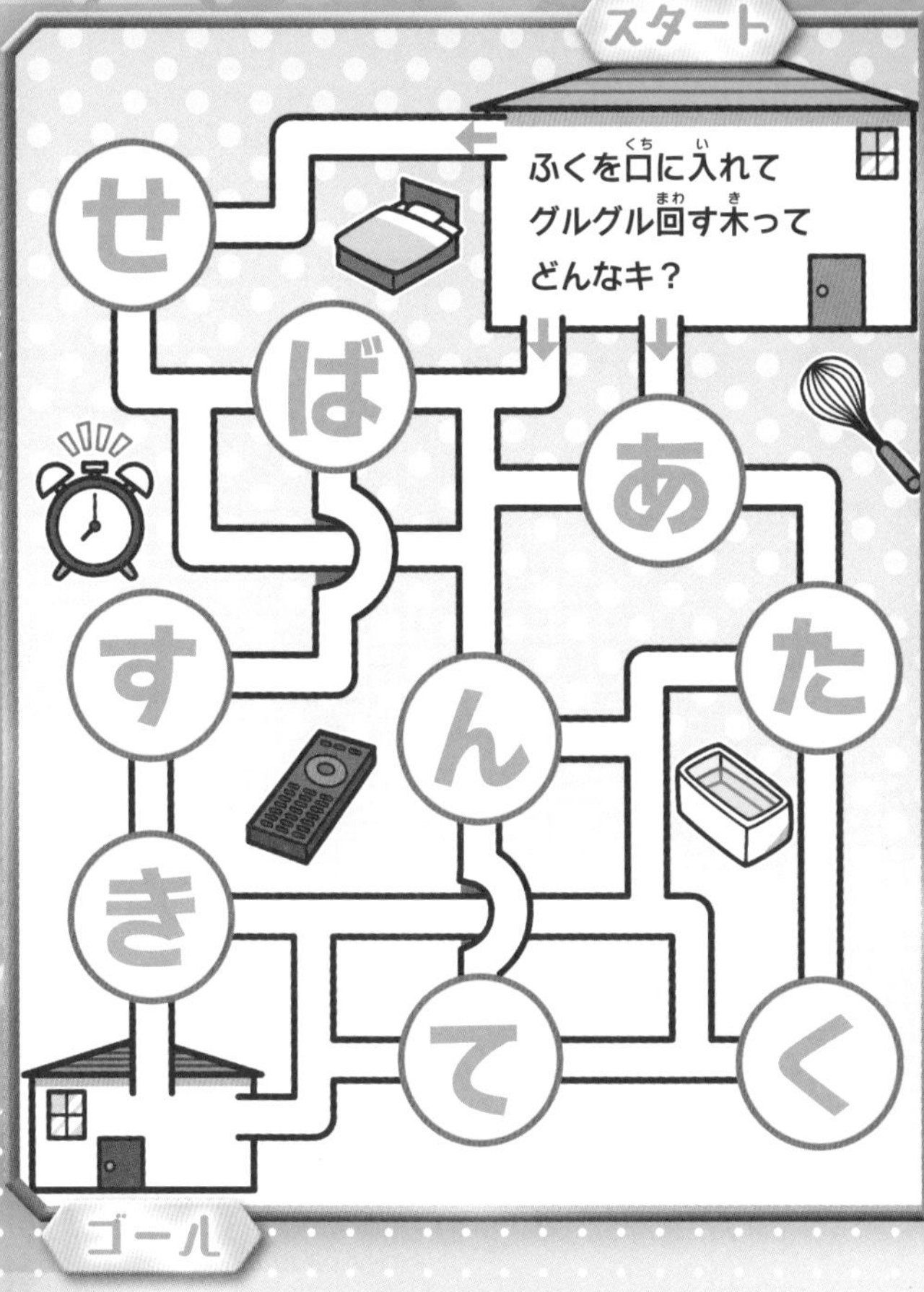
スタート
ふくを口に入れて
グルグル回す木って
どんなキ？
せ
ば
あ
す
た
ん
き
て
く
ゴール

※「みぢかなもののボーナスもんだい」のこたえは、319ページにあるよ。

260～262ページのこたえ

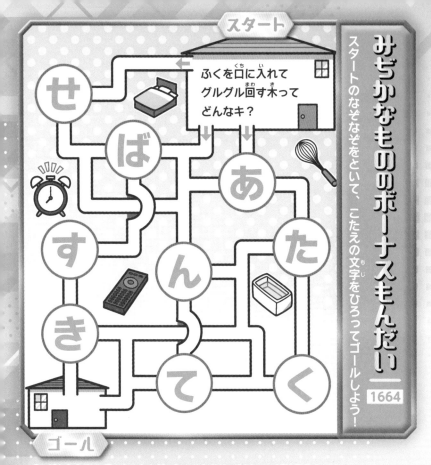

1641 けっかん　1642 バラ（あばら）　1643 父（カタカナの「メ」の上にカタカナの「ハ」がついている）　1644 ○（兄、○→アニマル＝どうぶつ）　1645 カ（かける→カ、ける）　1646 電話　1647 ヤギ（へやぎ）　1648 そげきしゅ　1649 三つ子だったから　1650 2（ふたつ）　1651 9つ（まど、輪、9→まどわく）　1652 目　1653 しょくせんき　1654 2000（似せない→似せん！）　1655 口車　1656 自分の左足　1657 4（漢数字の画数）　1658 しんちく　1659 平地　1660 ブタ（トントントン♪）　1661 ほんだな（本、戸、だな？）　1662 せんぬき（1000、ぬき）　1663 水槽

ステージ7

しゅみのなぞなぞ

みぢかなものって
いろいろあるんだ
ね～！
つぎは何だろう？
ワイワイ
あそこがぶたいだワン
NAZO ドーム
わあ！スタジアムだ！
ワー
ワー
ワー
ワー～
野球の試合だ！
ワー
ワー
あっちはファッションショーだ♡
ライブもやってる！
どのしゅみから行くワン？
キャーッ

1665

ぼうしは
ぼうしでも、
木に止まって鳴く
ボウシって？

1666

ペットは
ペットでも、
音をかなでる金色の
ペットってなあに？

1667

アニメやドラマを
2話だけ
ろくがする
鳥ってなーんだ？

1668

かみの毛ではなく
おでこにする
ピンって何かな？

1669

ねむくてとろんと
していたら
「ボーン！」と
音がしたよ。
そのがっきは何？

1670

きらいな人は
いないという
冬のスポーツは？

ヒント

「すき」って
ことだね！

1671

いっしゅんで
たくさん作れるけど、
すぐにきえてしまう
空とぶ玉って？

1672

これは
どんなまんが?

1673

どうメダルを10こも
とったスポーツは
なーんだ?

1674

3回「だる〜」と
言いながら、
はいたものは
何かな?

1675

りょうりをじっくり
にこんでいたら、
2回聞こえてきた
がっきって?

ヒント
コトコト
にこむって
いうワン!

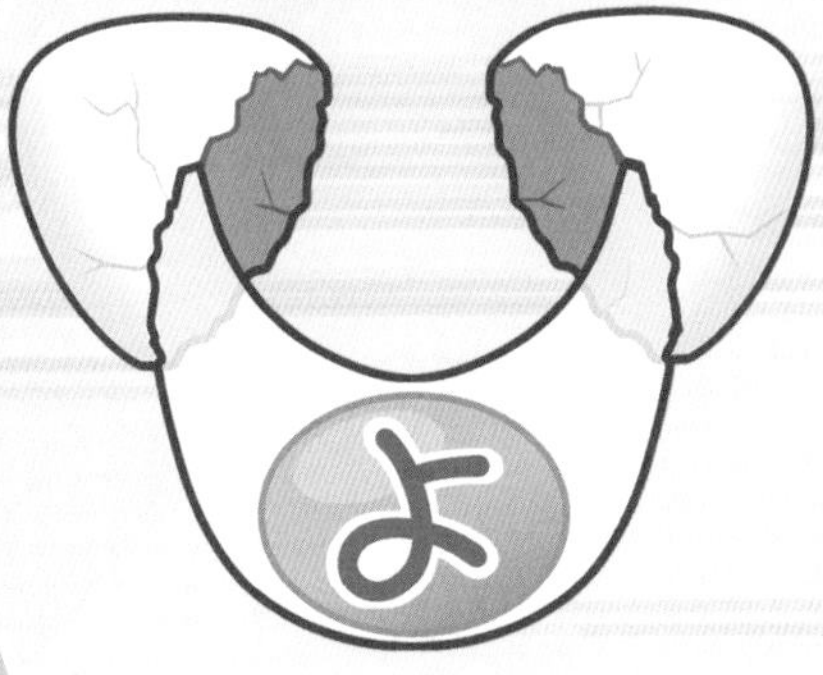

1676

このきょくめいは
なあに？

1677

歌っているのは
どんな歌？

1678

きると
「わーい！」と
楽しく
なっちゃう
シャツって？

265ページのこたえ

1665 ツクツクボウシ　**1666** トランペット　**1667** ニワトリ（2話、録り）
1668 デコピン　**1669** トロンボーン（とろん、ボーン！）　**1670** スキー
1671 シャボン玉

1679

バチが当たって
ばかりいる
がっきって？

ヒント

わるいことを
した人に当たる
バチじゃなく、
音を鳴らすための
バチかも…！

1680

本は本でも、
耳に入れちゃう
ホンって何？

1681

サイが
ころがっちゃう
あそびどうぐって
何かな？

1682

くじはくじでも、
本についている
クジってなあに？

1683

ガーデニングが
下手で、
すぐからして
しまう鳥って？

1684

たんけんたいが
もっている
けんは長い？
それとも
みじかい？

1685
名前は「とび」だというあそびはなーんだ？

1686
きっぷはきっぷでも楽しそうにはずんでいるキップって？

1687
パっとズルをしたくなっちゃうのはどんなゲーム？

1688
中くらいのリップが入っているお花って？

1689
さかさまにすると「いたくね？」と聞いてくるみにつけるアイテムは？

1690
水曜日はゾクッとする、魚がいっぱいのばしょはどこ？

1691
「ダン！」と音が鳴るベルがついているトレーニングどうぐは何？

266〜267ページのこたえ

1672 4コマまんが　**1673** じゅうどう（10、どう）　**1674** サンダル（3、だる〜）
1675 こと（コトコト）　**1676** きみがよ（黄身が、よ）　**1677** 校歌（硬貨）
1678 ワイシャツ（わーい！、シャツ）

1692

なぞなぞの
こたえが
ひらめく時に
食べている魚は
なーんだ？

1693

小さな字で
「い」と
書いてある
入れものは
何ケース？

1694

ほらあなで
えいがを
見るなら、
どんなえいがが
いいかな？

1695

いなかに
ないものは
「サイン・絵画・
ちょうこく」のうち
どーれだ？

1696

大きく9と
書いてある
のは何の
どうぐ？

1697

ふと気づいたら、
サルが
まぎれこんでいた
スポーツって？

1698

10時だと
気づいた時、
つけていた
アクセサリーの
形はなーんだ？

1699

シャコを
のばしたら
おどり
出したのは
何ダンス？

1700

チェリーを
見つけられる
スポーツって
なーんだ?

1701

ビンが5本
ひつような
ゲームって
なあに?

1702

ニッとわらって、
とぼうと
している人が
かぶって
いるのは
どんなぼうし?

1703

すもうとりの
こしに
ついている
鳥って
何かな?

1704

やきゅうや
テニスの
れんしゅうで
よく見る
ブリって?

1705

水を入れて
つかうけど、
ぜったいに
カビないという
ものは何?

1706

これいじょうは
ないという
きゅうきょくの
CDには
何きょく入って
いたかな?

268〜269ページのこたえ

1679 たいこなどの打楽器　**1680** イヤホン　**1681** サイコロ　**1682** もくじ　**1683** カラス　**1684** みじかい（探検→短剣＝みじかいけん）　**1685** なわとび（名は、とび）　**1686** スキップ　**1687** パズル（パッと、ズル）　**1688** チューリップ（中、リップ）　**1689** ネクタイ　**1690** すいぞくかん（水、ゾクッ、かん）　**1691** ダンベル（ダン！、ベル）

1707

古〜い戸から
聞こえた
がっきは
なーんだ？

1708

キツネと
ネズミとサイが
あつまってしている
しゅみって
何かな？

ヒント

キツネは「コン」、
ネズミは
「チュウ」って
鳴くワン♪

1709

月曜日と
水曜日の間に
聞くのは
どんなきょく？

1710

キャンプで
2人組が
ささやきながら
何かをやいて
いるよ。
それは何かな？

1711

せっかく
つけても
外に出る時は
外すベルトって
なあに？

1712

いつも土を
ほっている人が
すきながっきは
なーんだ？

1713

おゆに「ム」が
4つあるよ。
このあんごうが
あらわす
ようふくって
なあに？

1714
首にかけているのに「ペンだ」と言われるものって何かな？

1715
ガクッとなったりエーンとないたりしちゃうのはどんなドラマ？

1716
矢が9本ささっているのはどんなぼうし？

1717
なぜかいつも9かんを読んでいる鳥ってなーんだ？

1718
いろいろなどうぐの中で目が行くのは何のどうぐ？

1719
けんけつにきていかない方がいいのはどんなコート？

1720
パッとすてられちゃう色はどんなカラー？

270〜271ページのこたえ

1692 ヒラメ（ひらめく→ヒラメ、食う） **1693** いしょうケース（い、小、ケース） **1694** ホラーえいが（ほらあな→ホラーな！） **1695** ちょうこく（いなかにない→「い」が中にないから） **1696** 大工どうぐ（大、9、どうぐ） **1697** フットサル（ふと、サル） **1698** 十字架（10時か！） **1699** 社交ダンス（シャコー、ダンス） **1700** アーチェリー（あー！、チェリー） **1701** ビンゴゲーム（ビン、5、ゲーム） **1702** ニットぼう（ニッ、とぼう） **1703** ワシ（まわし） **1704** すぶり **1705** かびん（カビない＝カビん！） **1706** 9きょく（究極）

1721
すもうをとるばしょにいる4本足のどうぶつはなーんだ？

1722
やきゅう場でおとしものが見つからないのは内野と外野のどっち？

1723
和田さんをお出かけにさそったら、聞こえたがっきは何かな？

1724
小島くんにあいさつしている人がきているふくのもようは？

ヒント
「よっ、小島！」ってあいさつしたワン♪

1725
くろうしてそだてたらバーッと生えてきたしょくぶつはなーんだ？

1726
さんぽに出かけたらせきが出たのは何歩目？

1727
もっている中で1番いいふくってなーんだ？

1728
えいがかんではじまる前にせきにつくけど、おわるとつくものは？

クリア！

1729
ペンはペンでも、ふくやぼうしにつけるおしゃれなペンってなーんだ？

1730
後ろをのばすとしあわせになるおまつり用のふくって？

1731
「がまん、がまん」とがまんばかりしていたら読みたくなった本は何？

1732
「めんどう」とか「しない」とか言っていても、ちゃんとするスポーツは？

1733
スポーツのしあいでひつようなパンってなあに？

1734
ボールはボールでも、中にものが入れられる、紙でできたボールって？

1735
れっしゃの1ごうしゃにのっているフルーツは何かな？

272～273ページのこたえ

1707 フルート（古～、戸） **1708** こんちゅうさいしゅう（コン、チュウ、サイ、集） **1709** かようきょく（火曜、きょく） **1710** ササ（ささやいているから） **1711** シートベルト **1712** ホルン（土をほるんだ！） **1713** ユニフォーム（湯に、4、ム） **1714** ペンダント **1715** 学園ドラマ（ガクッ、エーン、ドラマ） **1716** やきゅうぼう（矢、9、ぼう） **1717** きゅうかんちょう（9かん、鳥） **1718** メイクどうぐ（目、行く、どうぐ） **1719** トレンチコート（とれん、血、コート） **1720** パステルカラー（パッ、すてる、カラー）

1736
6回も行きたくなるのはどんな音楽のフェス（おまつり）かな？

1737
回して出してから2つにわって、また出すものってなーんだ？

1738
シューティングゲームができないへやには何がしいてある？

1739
しょうぶをする時、半分だけかつ人がもっているものは、なあに？

1740
ホッケがすきで「あいしてる！」と言う人がする冬のスポーツは？

1741
すきだから つけているのに「イヤ」と言われるアクセサリーって？

1742
山賊にもっていかれたくつしたの数は何足？

1743
ためいきをついた後、おならをした人がひいているがっきは何？

1744
ずっとふえを
ふいていたと
言っているけど、
音がしなかった
のはどうして？

1745
オーケストラの
人がてじなを
したよ。けして
おどろかれた
どうぶつは何？

1746
気づくといつも
おふろに
入っている人の
かみがたって？

1747
小さな森で
歌いたくなるのは
どんな歌？

1748
いっぱい
道があって
まよってしまう
ところは何色？

1749
ひもがついていて
遠くへ
なげられないし、
あなもあいている
のは何の玉？

1750
「大・中・小」のうち、
いつも大を
えらぶ人がすきな
ほうせきって
なーんだ？

274～275ページのこたえ

1721 ヒョウ（どひょう） **1722** 内野（ないや…） **1723** わだいこ（和田、行こ！） **1724** よこじま **1725** クローバー（くろう、バーッ） **1726** 5歩目（ゴホッ、目） **1727** ベスト（＝1番いい） **1728** 明かり **1729** ワッペン **1730** はっぴ（しあわせ＝ハッピー） **1731** まんが（がまんがまんが…） **1732** けんどう（めん！どう！、竹刀） **1733** しんぱん **1734** ダンボール **1735** イチゴ（いちごうしゃ）

1751
お店の人が
おきゃくさんに
買ってほしい時に
歌うのはどんな歌かな？

1752
テストに
うかるために
書いた数字はなーんだ？

1753
せっかくあつめても
すてたくなっちゃう
シールみたいなものって？

1754 こわれるとケンさんがしゅうりしてくれるぶきって何？

1755 ネットの見すぎでめまいがした時に聞こえたがっきはなーんだ？

1756 よいすいみんをとるためにおすすめなならいごとは？

276〜277ページのこたえ

1736 ロックフェス（6、フェス） **1737** カプセルトイ **1738** じゅうたん（じゅう、うたない＝うたん） **1739** ハンカチ（半、かち） **1740** アイスホッケー（あいす、ホッケ） **1741** イヤリング **1742** 3足（山賊） **1743** ハープ（ハァ、ぷぅ） **1744** ぬのでふいていたから **1745** トラ（おお！、けす、トラ） **1746** アフロヘア（あ！ ふろ、ヘア） **1747** 子守歌（小、森、歌） **1748** めいろ **1749** けん玉 **1750** ダイヤ（大や！）

1757

「はい」と
へんじをしてから、
そっとわらう子が
はいているのって
なーんだ？

1758

3回「ビカッ」と
光るのは
どんな歌かな？

1759

ボールがネットを
かすった時
どんながっきの
音がした？

1760

くしゃみが
出ちゃうのは、
どんなえいがを
見た時？

1761

てきが
にげちゃった後、
のこっていた
2足のはきものは
なーんだ？

ヒント
にげたを
「2げた」に
へんかんして…

1762

王さまが
「はい！」と
へんじして
出かけたよ。
何をしに行った？

1763

3回グラッとする
ファッション
アイテムって
なあに？

1764

バッグは
バッグでも、
つかった後は
かならず
ぬれている
バッグって？

1765
長くて
びっくりしちゃう
ゲームって
なーんだ?

ヒント
「わ、なげ~!」って
おどろいたみたい!

1766
お年玉の中から
聞こえる音は
つぎのうちのどれ?
「ド・レ・ミ・
ファ・ソ・ラ・シ」

1767
コートで聞こえる
音は大きい?
それとも
小さい?

1768
「バイ!」と
言っても
ぶたいから
おりないがっきは
なあに?

1769
ボーッとした人が
もたつきながら
のったのは
何かな?

1770
点々をつけると
おどり出すかぐは
なーんだ?

1771
かくとうかが
本を書き
はじめたよ。
何日書いていた?

278~279ページのこたえ

1751 かえうた（買え、歌） **1752** 5（ごうかく→5を書く） **1753** ステッカー（すてっか~） **1754** しゅりけん（しゅうり、ケン） **1755** クラリネット（くらり、ネット） **1756** スイミング（すいみん、よい=グー）

1772

そこに入ると
くつのはき心地を
聞きたくなる
ばしょはどこ？

ヒント
「どう？くつ」って
聞いたみたいワン！

1773

レインコートを
くるくるまいたら、
どんな食べものに
なったかな？

1774

るすはるすでも、
2人でスポーツ
している
ルスって
なーんだ？

1775

2つのもくざいで
工作をしたよ。
かんせいする
までどれぐらい
かかった？

1776

本を書く
しごとの人が
やっている
スポーツって？

1777

何でも古いと
もんくを言う人が
きているふくは
なあに？

1778

テントを
見つけると
たまごをうむ
のは何虫？

1779

せいかくがよくて
やさしい
しょくにんが
作っているヤリは、
かるい？おもい？

1780 おうちに
だれかが来た時に
したくなる
スポーツって？

1781 わるい人が2人で
おどっているのは
どんなおどり？

1782 いろいろなものを
かしてくれるのは
どんなパーティー？

1783 「ギッ」と音が
するのは
どんな
お話かな？

1784 貝の中に入れると
かわいくなる
アルファベットは
「X・Y・Z」の
うちどれ？

1785 やっと
ほしいものが
見つかったお店は
何けん目？

1786 ばんそうを
ひく子が
ゆびをけがして
つけたものは？

280〜281ページのこたえ

1757 ハイソックス（はい、そっ、クスッ） **1758** さんびか（3、ビカッ） **1759** カスタネット(かすった、ネット) **1760** アクションえいが(あ、クション！) **1761** げた **1762** ハイキング（はい！、王さま＝キング） **1763** サングラス（3、グラッ、ス） **1764** ティーバッグ **1765** わなげ **1766** シ（音、シ、玉） **1767** 小さい（コート→小、音） **1768** バイオリン（バイ！、おりない＝おりん） **1769** モーターボート **1770** たんす（「゛」をつけるとダンスになる） **1771** 10日（かくとうか→書く、10日）

1787

がっきの音が
鳴っているのは、
むかいの家と
おとなりの家の
どっちかな？

1788

センスがいいと
ほめられる人が
プールで
することって？

1789

「し」ばかり
書いている人が
にわの手入れで
していることは？

1790

ぐうぜん
見つけたのは、
バット２本と
ボール２つ
のどっち？

ヒント
ぐうぜんって、
「たまたま」って
ことだから…

1791

いつも
ぎんメダルなのは、
兄さんと姉さんの
どっち？

1792

点々をとると
正気になる
ボードゲームは
なあに？

1793

いろいろ
しらべている
ものを分ける時、
ラベルは
何まいひつよう？

1794
いっしょうけんめいやるときめたら、気になったのは本とペンのどっち？

1795
三人の日があるのは春と秋のどっちかな？

1796
1週間に5回とったのは、自分のしゃしん？友だちみんなのしゃしん？

1797
マラソンでなかなかしゅっぱつしないのは、まん中とはしにいるランナーのどっち？

ヒント
「なかなか、はしらんな〜」って言いたくなるね！

1798
リレーでさいごに走る人にあげるとがっかりされるのは肉まんとあんまんのどっち？

1799
ながめがいいばしょでとるきゅうけいは、みじかいのと長いのとどっちがいい？

1800
おしているのに「ひいている」と言われるのってなーんだ？

282〜283ページのこたえ

1772 どうくつ **1773** かっぱまき（レインコート＝かっぱ、まき） **1774** ダブルス **1775** 2月（2つ、木） **1776** サッカー（本を書くしごと＝作家） **1777** フリース（古ぃーっす！） **1778** テントウムシ（テント、うむし！） **1779** おもい（おもい、ヤリ→思いやり） **1780** たっきゅう（ピンポ〜ン♪） **1781** ワルツ（わる、2） **1782** かそうパーティー **1783** おとぎ話（音、ギッ、話） **1784** Y（か、Y、い） **1785** 8けん目（見つかった＝発見） **1786** ばんそうこう（ばんそう、子）

1801

バレーボールの
バトルを
なくしたら、
すずしくなった？
あつくなった？

1802

土曜日の
ライブに行く時、
車と電車の
どっちをつかう？

1803

ケンさんと
しょうぎの
たいきょくを
した後にする
うんどうって？

1804

切ってから
つかう
ランプって
なーんだ？

ヒント
それを切るのは、
シャッフルする
ためワン！

1805

ねんどをこねて
あそんでいると
ねてしまうのは
親と子のどっち？

1806

おとずれたのは、
歌がうまい人と
おんちな人の
どっち？

1807

すもうとりが
いっしょに
すみたいのは、
「犬・ネコ・鳥」
のうちどれ？

1808

まん中に
「ダ」を入れると
ダンスをする国は
どこかな？

1809
いくら教えても
ブランコを
こがないどうぶつは
「パンダ・コアラ・
ラッコ」のうち
どれかな？

1810
やきゅうを
したくなるへやは
たたみ何じょう？

1811
明るいところでは
ついてくるけど、
くらいところでは
出てこないのって
なーんだ？

1812
ボケてばかりの
ピンげいにんは、
しゃしんを
とるのが上手？
それとも下手？

ヒント
カメラのピントが
ボケていると、
しゃしんをうまく
とれないみたい！

1813
絵がずっと
下書きなのは、
「バラ・ユリ・
ツバキ」の
うちどれ？

1814
さいしゅう回を
見たくて
あつまった
どうぶつって？

1815
たたかいの
ゲームに出てくる
どうぶつは何頭？

284〜285ページのこたえ

1787 おとなり（音、鳴り） **1788** せんすい（センスいい） **1789** 芝刈り（詩ばかり） **1790** ボール2つ **1791** 兄さん（ぎんメダル＝2位、さん） **1792** しょうぎ **1793** 4まい（しらべる→4、ラベル） **1794** 本（本気になったから） **1795** 春（「春」の漢字をぶんかい→三、人、日） **1796** 友だちみんなのしゃしん（週、5→しゅうごうしゃしん） **1797** はし **1798** あんまん（アンカー→あんか〜…） **1799** 長い（ながめ→長めがいいから） **1800** ピアノやオルガンなどのけんばん

1816
まどのそばに
レースカーは
何台ある？

1817
おゆに入ろうか、
田んぼに行こうか
まよっている人が
きているふくって？

1818
おはかまいりに
行った人が
はいていたのは何？

1819
内気な人の家は
「土・木・レンガ」の
うちのどれで
作ったかな？

1820
とちゅうでウトウト
しちゃうのは、
シューティングゲームと
れんあいゲームのどっち？

1821
じんとりがっせんで
いつも会うのは、
「犬・鳥・魚」の
うちのどれ？

1822
あんがうかぶのは、
ぬいものとあみものの
どっちをしている時？

1823
道にあるとさんぽを
やめたくなるのは、
ビンとカンの
どっちかな？

クリア！　／　チャレンジ！

1824

ティーはティーでも、
スポーツではんそくした
人がもらうティーって？

1825

しゅみのものが
あつまらない時って
どんなきもち？

1826

あなが3つも
あいているのに、
みんなふつうにつかって
いるのは何のボール？

1827

中にランプが入った
すばらしい
しょうって何？

1828

しんじゃっても
またうごき出すのは、
本を読むカエルと
読まないカエルの
どっち？

1829

食べものが
くっついているのは、
Tシャツとパーカーの
どっち？

1830

ロングよりも少し
みじかいかみに
ついている虫って
なあに？

286〜287ページのこたえ

1801 すずしくなった（バレーボールから「バ」と「ル」をとるとレーボー→れいぼう）
1802 車（土、ライブ→ドライブ）　**1803** たいきょくけん（たいきょく、ケン）
1804 トランプ　**1805** 子（ねんどをこねる→子、ねるから）　**1806** おんちな人（おとずれた→音、ずれた）　**1807** 鳥（すもう、とり）　**1808** フランス（フラダンスになる）
1809 パンダ（こがない→「コ」がないから）　**1810** 9じょう（球場）　**1811** 自分のかげ　**1812** 下手（ピン、ボケ）　**1813** ツバキ（下書き→下が「キ」だから）
1814 サイ（サイ、集会）　**1815** 1000頭（戦闘）

1831

よ～く見(み)て
かくにんする
ふくのもようは
何(なに)かな？

1832

「フフフフ」に
ぼう2本(ほん)と
丸(まる)1つを足(た)したら、
どんなゆうぐに
なった？

1833

ネットでおりがみを
しょうかいしたら、
1000回(かい)も
バズったよ。
何(なに)を作(つく)ったかな？

1834

インドで「あ！」と
さけんでいる人(ひと)は、
家(いえ)にいるのと
外出(がいしゅつ)するのと
どっちがすき？

1835

スポーツのしどうを
する人(ひと)がいる
とどうふけんは、
どーこだ？

ヒント

スポーツの
しどうをする人(ひと)を、
「コーチ」っていう
らしい！

1836

しましまのふくが
すきな
とどうふけんは
どこ？

1837

どんなふくでも
ハンガーにはかけずに
たたんでおく
とどうふけんは
どこかな？

1838

すごく
こくとうっぽい、
はんがにつかう
どうぐって？

1839
首につけると貝が見つかるのは、マフラーとネックレスのどっち？

1840
何回言っても耳をかさない子がしあいでとれたのは何点かな？

1841
小さな文鳥をかっている人のパートは「ソプラノ・アルト・テノール」のうちのどれ？

1842
こわいどうぶつでも、かわいく見えちゃうのは何頭いる時？

1843
しょっきたちがげきをするよ。わるいやくは「紙ざら・紙コップ・わりばし」のどれ？

1844
車で「ガン！」とぶつけちゃった人がきているふくはなーんだ？

1845
ふくがあせくさくなっちゃったのは、家と学校を何回おうふくした時？

288～289ページのこたえ

1816 10台（レースカー、10→レースのカーテン） **1817** ゆかた(湯か田) **1818** はかま（墓まで行った→はかまで行った） **1819** 木（内気→家、木） **1820** シューティングゲーム（ウトウト→撃とうとするから） **1821** 鳥（じんとりがっせん） **1822** あみもの（あん、出る→編んでる） **1823** カン（ある、カン→歩かん） **1824** ペナルティー **1825** あ～つまらない(集まらない) **1826** ボウリング(ゆびを入れるあなが3つある) **1827** グランプリ（＝大賞） **1828** 本を読むカエル（読み、カエル→よみがえる） **1829** パーカー（食べもの＝フードつきだから） **1830** セミ（セミロング）

1846

すっぱいにおいが
するのは、どんな
しょうせつ？

1847

友だちのために
ピアノをひいた時、
ふれなかった
音はなあに？

1848

げきでやっても
もり上がらない
のは「家の話・
学校の話・店の話」の
うちどーれだ？

1849

ぬり絵をあきずに
つづけるために
ひつようなのは、
こん色と
あと何色？

1850

かるたのふだで、
けるとばくしょう
しちゃうのは
「あ・い・う」の
うちどれ？

1851

がっきをえんそう
していたら
頭の中に出てきた
のは、かんじと
かなのどっち？

ヒント

おぼうさんが
手を合わせることを、
「がっしょう」っていうワン！

1852

おぼうさんが
歌う時は1人で？
みんなで？

1853

すぐにうそが
ばれちゃう人が
つかっている
かみかざりは
なーんだ？

スタート
原っぱの中にある
がっきはどっち？
中にすけっとがいる
スポーツはどっち？
ゴール

しゅみのボーナスもんだい

とちゅうのなぞなぞをといて、正しいこたえをえらんでゴールしよう！

1854
1855

※「しゅみのボーナスもんだい」のこたえは、319ページにあるよ。

290～292ページのこたえ

1831 チェック（＝かくにん）　**1832** フラフープ　**1833** 千羽ヅル（1000、バズる）　**1834** 家にいる（インド、あ！→インドア＝室内）　**1835** 高知県　**1836** 福島県（ふく、しま、けん）　**1837** 福岡県（ふくをかけん）　**1838** ちょうこくとう（超、こくとう）　**1839** マフラー（あったかい→あった！、貝）　**1840** 1点（言ってんだろ～！）　**1841** テノール（てのり文鳥→手、の～る）　**1842** 9頭（キュート～♪）　**1843** わりばし（わるものだから）　**1844** カーディガン（車＝カー、でガン！）　**1845** 2回（におう→2おう、ふく）　**1846** すいりしょうせつ（「す」入り、しょうせつ）　**1847** ド（友だち＝フレンド→ふれん、ド）　**1848** 店の話（盛り上がらない＝見せ場なし→店話）　**1849** 黄色（あきずにつづける＝根気→こん、黄）　**1850** う（ウケる→「う」をける）　**1851** かな（えんそう＝かなでる）　**1852** みんなで（合掌→合唱）　**1853** バレッタ

ステージ8

せかいやうちゅうのなぞなぞ

1856

うちゅうで
鳴いている
小さな生きものって
なあに？

1857

晴れの日でも
森の中でかさを
さしている子って
どんなコ？

1858

自由の女神は
アメリカ。
せかい一のサバンナ
はアフリカ。
黄色や赤で食べられる
のは何リカ？

1859

フジの花が
3つさいている、
大きな山って
なーんだ？

1860

羽と
くちばしが
生えている
月って
どんなツキ？

1861

日本の
うらがわは
ブラジル。
ブタがいるのは
何ジル？

1862

空の上には
何があるの？

ヒント

空じゃなくて
「音」で考えるワン！
ドレミファソラ…？

1863
おにぎりの中に入った食べられる星ってどんなホシ？

1864
天気を教えてくれる牛ってどんなウシ？

1865
オーストラリアで「あら？」とふしぎそうにしている子ってどんなコ？

1866
テストで100点をとったのは星空と青空のどっち？

ヒント
「まんてんの○○」って聞いたことがあるぞ！

1867
秋になると
いいかおりがする
木星って
どんなモクセイ？

1868
上の方で
音が鳴っているのは
ベルサイユきゅうでんと
バッキンガムきゅうでん
のどっち？

1869
韓国と中国。
ジュースが
すきそう
なのは
どっち？

295ページのこたえ

1856 ネズミ（うちゅう） **1857** キノコ **1858** パプリカ **1859** ふじさん（フジ、3） **1860** キツツキ **1861** とんじる（ブタ＝トン、じる） **1862** シの音（ドレミファソラシ）

1870
天体をならべかえた人がしているしごとってなあに？

1871
空からふってくるおかしってなーんだ？

1872
ジャンケンでチョキばかり出すのは何人？

ヒント
チョキの時のゆびの数は何本ワン？

1873
エジプトの絵の下には何が書いてあるかな？

1874
強くてこわい風ってどんなカゼ？

1875
ちきゅうとうちゅうの間にあるきけんなところって？

1876
「チャオ」と
イタリア語で
くりかえし
あいさつする人が
のみたがる
ものは？

1877
雪をさわると
あらわれるタイは
どんなタイ？

1878
みんなから
しんようされない
月って
どんなツキ？

ヒント
むしばの人が
いないってことは
みんな「は」は
いいんだね！

1879
むしばの人が
ちっともいない
あたたかい
ところはどこ？

1880
おぼんに
「ル」が10こ
のっている
フランスの
あいさつって？

1881
さわれないし
どこにも売って
いないのに
ほしくなっちゃう
ものって？

1882
雨が上がって
空にカラフルな
ものがあらわれた
のは何時？

296〜297ページのこたえ

1863 うめぼし　**1864** きしょうよほうし　**1865** コアラ（子、あら？）　**1866** 星空　**1867** キンモクセイ　**1868** ベルサイユきゅうでん（ベルがついているから）
1869 韓国（カンがついているから）

1883
東京タワーを
作るこつって
どんなコツ？

1884
うちゅうできるのは
うちゅうふく。
しあわせになるのは
どんなフク？

1885
天気だと空気の
ながれをかんじて、
人間だとねつが
出るよ。これ何？

1886
スフィンクスの
下で生えているのは
何の木？

1887
お店で買える
ペラペラした
ぎんがって
どんなギンガ？

1888
青がオレンジに
なって、やがて黒に
なるよ。これって
何の色？

1889
ナポレオンから
聞こえてくる
音ってなあに？

1890
うちゅう
ステーションの
まん中にある
どうぐって何？

クリア！ / / / / /

1891
空からふってきた
お米のおかしって
なーんだ？

1892
インドの中心を
かくしたら
あらわれたものは
なあに？

1893
うちゅうにいるのはうちゅう人。
ちきゅうにいるのはちきゅう人。
きれいで見とれちゃうのは何人？

1894
空からふってきたり
教科書にのっていたり
どうぶつ園にも
いたりするのは？

1895
あっかんべーを
10回してから
勉強した
音楽家って？

1896
えいがかんしょう
ができそうなのは
台風と強風の
どっちかな？

ヒント
目があるとえいがが
見られるね！

1897
たいようを
かくしてしまう
虫ってなあに？

298〜299ページのこたえ

1870 たんてい（てん、たいを入れかえる） **1871** アメ（雨） **1872** 日本人（2本、人） **1873** 字（エジプト→エの下は「ジ」） **1874** 強風（恐怖ぅ〜） **1875** たいきけん **1876** お茶（チャオチャオチャ…） **1877** つめたい **1878** うそつき **1879** ハワイ（歯はいい） **1880** ボンジュール（ぼん、10、ル） **1881** 星（ほしい！） **1882** 2時（にじ）

1898

さかだち
したら
おしろを
はっけんした
国(くに)は?

1899

すわるだけで
作(つく)れる
夜空(よぞら)の星(ほし)って
なあに?

1900

あついところで
タオルをかしたく
なるカキって
どんなカキ?

1901

アメリカで
ポスターを
かべに
はりたく
なるのは
どんな時(とき)?

1902

月(つき)に行(い)くための
ちゅうせんって
どんな
チュウセン?

1903

雨(あめ)の日(ひ)に
町(まち)の中(なか)で
たくさんひらく
ものって
何(なに)かな?

ヒント

おゆに
つかることを
「にゅうよく」
ともいうよ!

1904

おんせんに
つかるだけで
行(い)った気分(きぶん)に
なる外国(がいこく)の
としはどこ?

1905

わくせいから
するにおいは
いいにおい?
いやなにおい?

1906
せかい三大びじんでゆうめいなトラってどんなトラ?

1907
アメリカのしゅとにいる2しゅるいのどうぶつってなーんだ?

ヒント
アメリカのしゅとは「ワシントンD・C・」というところだけど…?

1908
さわったらけがをしそうなせいざは何ざ?

1909
そのせいざの人がいるとびっくりしちゃうよ。何ざかな?

1910
日本で話すのは日本語。アメリカはえいご。道にまようのは何ゴ?

1911
じゅぎょうをちっとも聞いていない人が見ている空ってどんなソラ?

1912
アメリカで「しずかに!」と言うのは人と出会う時?わかれる時?

300〜301ページのこたえ

1883 てっこつ **1884** こうふく **1885** かぜ(風・風邪) **1886** クスノキ(スフィンクス) **1887** ぎんがみ **1888** 空の色 **1889** レの音(ナポレオン) **1890** うす(うちゅうステーション) **1891** あられ(霰) **1892** いど(インドの「ン」をかくす) **1893** びじん **1894** ひょう(雹・表・ヒョウ) **1895** ベートーベン(ベー、10、勉) **1896** 台風(台風には目があるから) **1897** クモ(雲)

1913

「UUUU」という
うちゅう人が
のっている
アレって
なーんだ?

1914

雨から
みんなを
まもってくれる
ようかいって
なあに?

1915

フランスの
しゅとは
パリだけど、
おふろから
上がった
人のパリって
どんなパリ?

1916

うちゅうで
食べる昼食って
なーんだ?

1917

夕方になると
もらえないのに
くれるものって
何かな?

1918

ナスに「まて」
という
ことばを
組み合わせた
インドの
あいさつって?

1919

人生の中で
「こうえい」と
言った人が
見つけた
ものって?

1920

日本だったら
わふう。
アメリカや
ヨーロッパは
ようふう。
はげしい雨風が
やって来るのは?

クリア！

1921

フラダンスをしている人のおなかをかくしたらどこの国でおどってた？

1922

わがしにつかうのはこしあんやつぶあん。うちゅう人は何アン？

1923

さむくなるたびにどんどんかさなってあつくなるものはなーんだ？

1924

「えええええ、えええええ」という中国のおれいのことばって？

1925

火星や土星。いろいろあるけれど、晴れた日の空に見えるのは何セイ？

1926

冬の朝にじめんから出てきて、午後にはほとんどなくなるはしらって何？

1927

タヌキの「めたるたしーた」ってなあに？

302〜303ページのこたえ

1898 ロシア（「あ！ しろ」をさかさまに読む） **1899** 星座（正座） **1900** あせっかき **1901** あいさつした時（ポスターをはろう→ハロー＝こんにちは） **1902** うちゅう船 **1903** かさ **1904** ニューヨーク **1905** いやなにおい（わ！ くせ〜！） **1906** クレオパトラ **1907** ワシとブタ（ウシ、ン、トン＝ブタ） **1908** いてざ（いてっ、ざ） **1909** うおざ（うおっ、ざ） **1910** まいご **1911** 上の空 **1912** わかれる時（しー！、言う→シーユー＝またね）

1928

ソラの中の線を1本とったらやって来たかぞくはだれ？

1929

晴れた日にテストをうけたら100点だったけど、雨の日は何テン？

1930

スカイツリーのいちってどんなイチ？

クリア！

1931
ブラックホールがこんざつする曜日は何曜日？

1932
ホシについている点を1つとったらたくさんの紙にへんしんしたよ。何になった？

1933
「まみむめも」の中で、星がたたく文字はどれ？

304～305ページのこたえ

1913 UFO（U、4） **1914** カッパ **1915** さっぱり **1916** うちゅう食
1917 日（日がくれる） **1918** ナマステ **1919** 人工えいせい（じんこうえいせい）
1920 台風 **1921** フランス（フラダンスの「ダ」をかくす） **1922** エイリアン
1923 ようふく **1924** シエシエ（4え、4え） **1925** かいせい **1926** しもばしら **1927** メルシー（タヌキ→「た」をぬくとメルシー＝フランス語でありがとう）

1934

ピラミッドの
見学ツアーに
さんかした
人数は何人？

1935

エジソンは
イカの
なかまだよ。
どんなイカ？

1936

アメリカの中に
かくれている
2文字の虫と
ひっくりかえった
生きものは何？

1937

冬の道で
みんなが
気をつける
10このケツって
どんなケツ？

1938

うちゅうは
「6・10・りょ・9」
らしい。
これってなあに？

1939

織田信長が
いるばしょに
生えている
のは何の木？

ヒント

かべやはしらを
きんぱくでかざった
ゆうめいなあの
たてものワン！

1940

きんかをもらえる
くじ引きができる
たてものって？

1941

思いきり
ジャンプした
だけで行ける
うちゅうって
どんな
ウチュウ？

クリア！

1942
せかいの中心にいる虫って何かな？

1943
ツタンカーメンの上でからまっているものってなあに？

1944
おどろいて「ひぃ！」と言っちゃうたいようってなーんだ？

ヒント
2つのわっかがあるね…？

1945
ぎゅうどんやさんでたくさん食べる人がすきなくもりってどんなクモリ？

1946
「○○」という雨はどんなアメかな？

1947
えいせいにかかれているイラストは男の子？女の子？

1948
きげんがいいとかみなりのモノマネができるのはネズミとネコのどっち？

306〜307ページのこたえ

1928 おじいちゃん（ソ「ラ」の線を1本をとるとソ「フ」） **1929** 雨天 **1930** 日本一（スカイツリーは日本で1番高いタワー） **1931** 水曜日（ブラックホールはすいこむ→水、混む） **1932** 本（ホ「シ」の点を1つとるとホ「ン」） **1933** ま（星はまたたくから）

1949

アラビアの
まん中で
ひっくりかえって
いる紙って何？

1950

点がないと
出会ったあいさつ。
点をつけたら
さよならのあいさつ。
これってなあに？

1951

クーラーが
きいたへやで
「しずかに！」と
ちゅういしたくなる
がっきって？

1952

タイで
気さくに
あいさつした時、
空にあった
のはなあに？

ヒント
タイで
「よう！」って
あいさつした
みたいワン♪

1953

お日さまの
右がわは
何色だったら
晴れになる？

1954

木にあなを
あけたくなる
天気って？

1955

ピラミッドの
まわりに9ひき
いる魚って
なーんだ？

1956
少し天気がわるい時、空からふってきた子どもの海の生きものって？

1957
「す」の上の方が出てこないと言っている国ってどーこだ？

1958
雨と雪がオリンピックに出場したよ。けっしょうまでかちすすんだのはどっち？

1959
何を食べてもすっぱいとかんじてしまう国はどこ？

1960
せきばかりしているゆうめいな画家はだーれだ？

1961
ペンケースの中に入っている星は何せい？

ヒント
「○○せい」って星みたいなしゅるいのペンがあったような…？

1962
その国ではベルの音が「ギィ～」と鳴るらしい。これってどこの国？

308～309ページのこたえ

1934 9人（ピラミッドは三角→参加、9） **1935** はつめいか **1936** アリ、カメ **1937** とうけつ（10、ケツ） **1938** むじゅうりょく **1939** ブナの木（おだのぶなが） **1940** きんかくじ（きんか、くじ） **1941** 空中 **1942** カ（せかい） **1943** ツタ（ツタンカーメン） **1944** 夕日（言う、ひぃ！） **1945** とくもり **1946** にわか雨（2、わっか、雨） **1947** きみが女の子の場合：男の子、きみが男の子の場合：女の子（えいせい→絵、異性＝せいべつがちがうこと） **1948** ネコ（のどをゴロゴロ鳴らすから）

1963

そのせいざの
つぎは「きぬざ」
になるよ。
それって何ざ？

ヒント

あいうえお表を
思いうかべて！
「き」の前と、
「ぬ」の前は…

1964

土曜日が
いつなのか
気になって聞いて
しまう国って？

1965

すごくさむい日の
手にはない
ゆびって
どんなユビ？

1966

「うえ」の
上にある
ものって
なーんだ？

1967

きょくは
きょくでも
さむくて
聞けない2つの
きょくって？

1968

どの国にもいる
かいじゅうって
どんな
カイジュウ？

1969

スカイツリーの
チケットを
買ったのに、
のぼろうとしたら
おこられたのは
どうして？

1970

ことばに
かかせない
2つの文字は
何と何？

クリア！　チャレンジ！

1971
ランの花を
道ばたでたまたま
見つけた国って？

1972
本がかぜを引いて
せきをしている
ちいきって
どこかな？

1973
エッフェルとうの
中で見学をしている
どうぶつは？

1974
中国で木のえだを
おったら
どんな音がする？

ヒント
中国のしゅとは
「北京」という
ところワン！

1975
うちゅうにある
プラスチックせい
のネットって
いったいなあに？

1976
さかさまになった
タイとアリが
くっついている
国ってどこ？

1977
おまつりで見る
くもににている
アメって何かな？

310〜311ページのこたえ

1949 ビラ　**1950** ハイとバイ（ハイ＝やあ！、バイ＝さようなら）　**1951** スズ（すずしい→スズ、しー！）　**1952** たいよう（タイ、よう！）　**1953** 青（日＋青→晴れ）
1954 霧（あなをあけるどうぐ＝キリ）　**1955** サバ（ピラミッドのまわりはさばく→サバ、9）　**1956** サメ（小雨→子、サメ）　**1957** スウェーデン（す、上、出ん！）
1958 雪（雪の結晶→決勝）　**1959** スペイン（すっぺー、イン）　**1960** ゴッホ
1961 水星（水性）　**1962** ベルギー（ベル、ギィ〜）

1978

点をとったら
かんちがいだった
星は何セイ？

1979

晴れている
空の中で
いてんするのは
なーんだ？

1980

森がたくさんあると
晴れにも雨にも
ならないらしい。
森はいくつあった？

1981

さむそうに
しているのは
声が大きい人と
小さい人のどっち？

1982

大阪でつかうのは大阪べん。
博多でつかうのは博多べん。
つかいづらいのは何ベン？

1983

日本からずいぶん
遠い国なのに
カナを見つけて
うれしくなったのは
どこの国？

1984

ブタの下に
「ガ」がいる
という国って？

ヒント
たいへいように
うかぶしまぐに
だって！

1985

雪がたくさん
つもった
きせつって
どんなキセツ？

クリア！　チャレンジ！

1986
楽しみにしていたうんどう会ではれたのにないちゃったのはどうして？

1987
「ババババババババババ」という国ってどこかわかる？

1988
イクラをならべかえたらある国になったよ。どこかな？

1989
たいようから出ている「123い5」という線ってなあに？

1990
はじまる時に入っておわる時に明けるのはどんなきせつ？

1991
大けがをしても「まだたすかる！」とはげましてくれた国はどこ？

1992
話せても、字を書くとまちがえそうなのは「えいご・日本語・韓国語」のどれ？

312〜313ページのこたえ

1963 かにざ **1964** ドイツ（土、いつ？） **1965** まふゆび **1966** あい（あいうえお） **1967** ほっきょく、なんきょく **1968** せかいじゅう **1969** よじのぼろうとしたから **1970** 「こ」と「ば」 **1971** オランダ（お！ ランだ） **1972** 香港（本、コン） **1973** ツル（エッフェルとう） **1974** ペキン！（北京） **1975** プラネット（プラ、ネット→「わくせい」のこと） **1976** イタリア（タイ、アリ→イタ、リア） **1977** わたあめ

クリア！　なぞなぞゲージ

1993

せかいで1番
大きないすって
どんなイス？

1994

どんなに
うそをついても
ちっとも
ばれない
という国って？

1995

ことばに
おもさを
かんじるのは、
とかいの
わかい人と
いなかの
おとしより
どっちかな？

1996

目に
見えないほど
小さいのかと
思うのは
どこの国？

1997

すきな
食べものも
食べたく
なくなるのは、
ちきゅうと
うちゅうの
どっち？

1998

子どもが
しゃしんを
とりたくなる
国って
どこかな？

1999

1・2・7・9
は大が1つ。
3・4・6・8
は大と小が
1つずつ。
5は大が2つ。
これってなあに？

2000

マラソンの
ゴールに
門がある
国って
どーこだ？

314～316ページのこたえ

1978 金星（キ「ン」セイの点をとる→キ「ノ」セイ） **1979** 晴天（せいてん） **1980** 9つ（くもり→9、森） **1981** 声が小さい人（こごえる→小声、る） **1982** ふべん **1983** カナダ（カナだ！） **1984** トンガ（ブタ＝トン、ガ） **1985** せきせつ **1986** けがをしてはれたから **1987** キューバ（9、バ） **1988** イラク **1989** しがいせん（「4」が「い」、線） **1990** つゆ（つゆ入り、つゆ明け） **1991** マダガスカル **1992** 韓国語（字をまちがえること＝誤字→5字だから） **1993** スイス **1994** バーレーン **1995** いなかのおとしより（なまりがあるから） **1996** チリ **1997** うちゅう（空気がない→食う気がないから） **1998** トルコ（撮る、子） **1999** 1つ、2つ…と数えた時の「つ」の数 **2000** モンゴル（門、ゴール）

そして……
マコトミノリ
よくがんばった
ぜんぶのステージを
クリアしたのは
きみたちが
はじめてワン！
クリア！
やった
ああ～!!
フッ…
さて…
2人とは
ここで
おわかれワン
でも
おいらたちは
なぞなぞでずっと
つながっているワン
これからも
いっぱい
なぞなぞに
チャレンジして
くれワン…！
パッ
あっ？
師匠…!?
きえ
ちゃった
ね…
師匠また
会いたいな…
きっとまた
会えるよ
ねえ！
2人でなぞなぞ
考えてみない？
いいね！
帰ってすぐ
やろう！
……
ふふふ
どんな
なぞなぞが
できるか
楽しみワン
またの
ちょうせん
まってる
ワン…★

ボーナスもんだいのこたえ

57ページ

食べもののボーナスもんだい

スタート
おすしやさんで
どうしてもねだんが
気になっちゃうのはどっち？
かれらがイスの上で
食べているのはどっち？
ゴール

なぞなぞのこたえ

323 いくら

324 カレーライス（かれら、イス）

とけたかな？

何回もチャレンジ
しようっと！

147ページ

学校のボーナスもんだい

スタート
1年2組
学校で食べる
お昼ごはんの
色って何色？
ゴール

絵しりとりのこたえ

908 9色（きゅうしょく）→
くつ→つくえ→絵日記→教科書→
小学校→うんどう会

107ページ

生きもののボーナスもんだい

スタート
空からふってくる
つめたい
どうぶつは？
スパイだとわかって
びっくりした
虫って？
ゴール

なぞなぞのこたえ

654 ヒョウ（雹）

655 クモ（スパイダー）

217ページ

きせつのボーナスもんだい

スタート
水の中じゃなく
空をおよぐ5月にしか
見られない魚って？
つめたくて
あまいあじがする
オリってなあに？
ゴール

なぞなぞのこたえ

1354 こいのぼり　**1355** かきごおり

177ページ

おしごと・のりもののボーナスもんだい

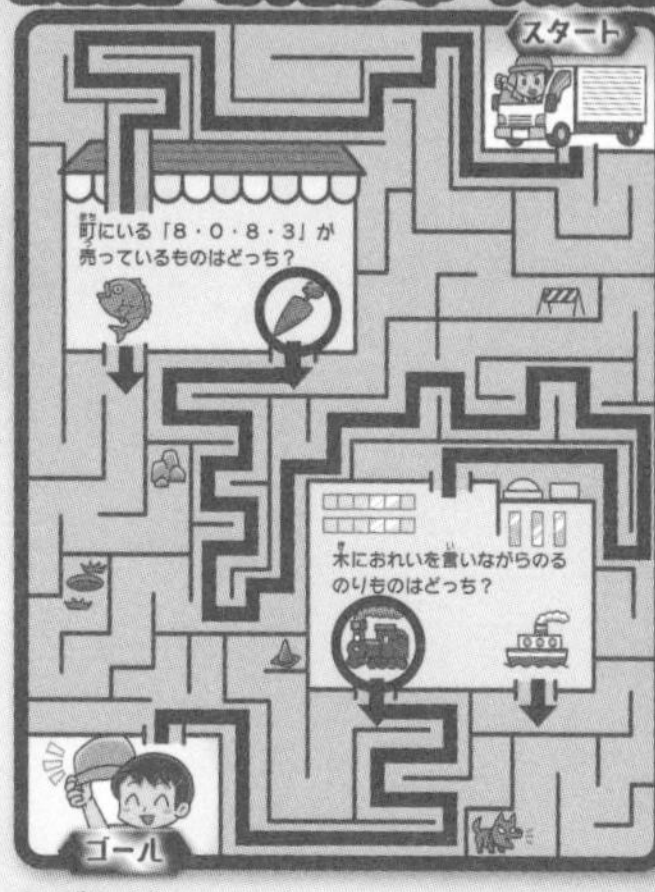
スタート
町にいる「8・0・8・3」が
売っているものはどっち？
木におれいを言いながらのる
のりものはどっち？
ゴール

なぞなぞのこたえ

1098 ニンジン（やおやさん）

1099 きかんしゃ（木、感謝）

293ページ

しゅみのボーナスもんだい

スタート
原っぱの中にある
がっきはどっち？
中にすけっとがいる
スポーツはどっち？
ゴール

なぞなぞのこたえ

1854 ラッパ（はらっぱ）

1855 バスケットボール
（バスケットボール）

263ページ

みぢかなもののボーナスもんだい

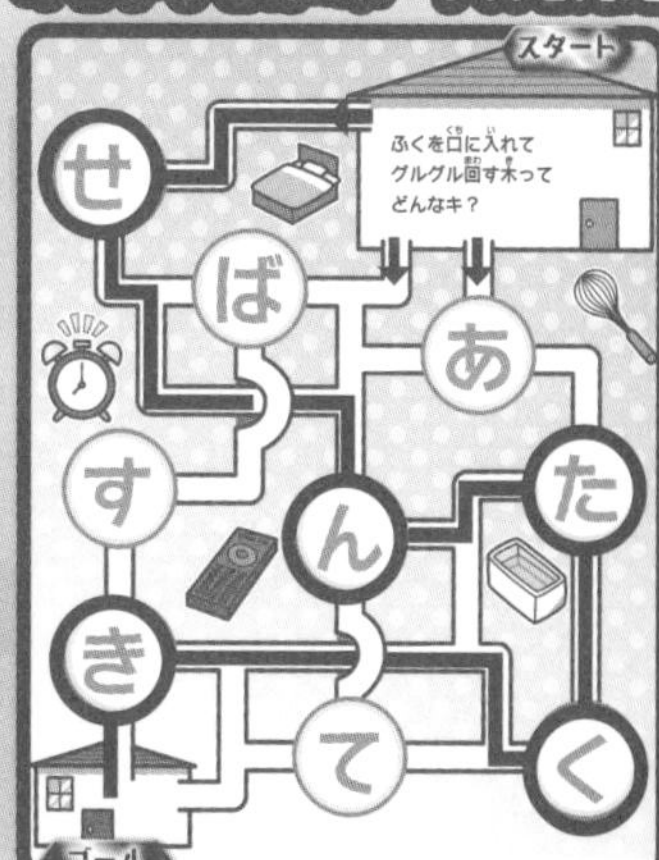
スタート
ふくを口に入れて
グルグル回す木って
どんなキ？
せ
ば
あ
す
た
ん
き
て
く
ゴール

なぞなぞのこたえ

1664 せんたくき

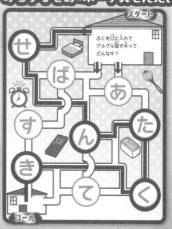

成田奈緒子（なりた　なおこ）
小児科医、医学博士。不登校・引きこもり・発達障害等の親子・当事者支援事業である「子育て科学アクシス」代表。文教大学教育学部教授。臨床医、研究者としての活動も続けながら、医療、心理、福祉を融合した新しい子育て理論を展開している。著書に『子どもの脳を発達させるペアレンティング・トレーニング』（上岡勇二氏との共著。合同出版）、『山中教授、同級生の小児脳科学者と子育てを語る』（山中伸弥氏との共著。講談社）など多数。

ひらめき★ゲームワールド
頭がよくなる!!　なぞなぞ2000

2024年6月　第1刷

監修 ―― 成田奈緒子
作 ―― 高橋啓恵（2、4、5、6、8章）、こんのゆみ（1、7章）、ベストリンク・児島勇気（3章）

迷路作 ―― 黒鍋亭

漫画 ―― イセケヌ
イラスト ―― 笠原ひろひと、七綱ナギ、よこてさとめ
背景イラスト ―― 杏まな

発行者 ―― 加藤裕樹
編集 ―― 鍋島佐知子
発行所 ―― 株式会社ポプラ社
〒141-8210　東京都品川区西五反田3-5-8
JR目黒MARCビル12階
ホームページ　www.poplar.co.jp
印刷・製本 ―― 中央精版印刷株式会社
カバーデザイン ― Victoire design
本文デザイン ―― ダイアートプランニング（髙島光子、伊藤沙弥）
DTP ―― 有限会社エルグ
校正 ―― 夢の本棚社
編集協力 ―― 株式会社スリーシーズン（河野 麗、森田 碧）

ISBN978-4-591-18196-6 N.D.C.798 319p 19cm　Printed in Japan

P6051001

この本の見方

なぞなぞゲージ

なぞなぞがとけるとゲージがたまっていくよ。ステージクリアまでの道のりをチェック！

チャレンジゾーン

ゲージがもえると、むずかしいもんだいが出てくるよ。

もんだい

なぞなぞのもんだいだよ。何もん目かわかるね。

クリア！
チャレンジ！
なぞなぞゲージ
271 1を足すと エンジンに なるやさいって なーんだ？
272 中にぐを 入れわすれたのは 「グラタン・コロッケ・イカリング」の うちどれ？
ヒント 「グ」がない ものをさがせば いいんだね！
273 くさったお肉 から出てきた こわいものって なあに？
274 いちどしんで しまった ゾンビたちも 食べたがる魚は？
275 レトルトの カレーを 食べていたら、聞こえてきたのは どんな鳥の 鳴き声？
276 「ボロいものなど ないよ」と 言う人が食べる、パスタりょうりの しゅるいは 何かな？
277 「上は明日」と いうあんごうが 書かれている おかしって？
上は明日
278 カボスをボトルに 入れたまま わすれていたら、どうなった？
ヒント 「ボトル」だから、「ボ」をとればいいの!?
279 山の上で さけんだら スイカが とんできたよ。スイカは大きい？ 小さい？
280 「ゆ」に つかっている 貝は、わらってる？ それとも おこってる？
281 かわいた魚の りょうりは アユとマグロの どっち？
282 ひかえめで つつましい人が もっている ちょうみりょうは たぶん何らしい？
283 カンにきつく 入っているのは、オレンジジュースと バナナジュースの どっち？
284 ポーチを もっている 玉子りょうりって なーんだ？
48～49ページのこたえ
256ハッサク（8作） 257ジャージ（じゃ、アジ！） 258ひき肉（ひきにくい！） 259長イモ（長い、も） 260とうにゅうなべ（なげ入れる＝とうにゅう、なべ） 261カニ（カに「に」をつけた） 262ハンバーグ（あぶらであげないから） 263ジャガイモ（「さ」がないから） 264シチュー（煮ているから） 265レタス（レ、足す） 266にがお絵（にが！オエッ！） 267リンゴ（木になるから） 268肉（言いにくかった→いい肉買った） 269かため（ウインクはかた目） 270パパとママ（ふうふ→フーフー）
50

こたえ

なぞなぞのこたえは次のページにのっているよ。（　）の中にはこたえのかいせつがあるから、もっとくわしくわかるよ！

ヒント

もんだいをとく時のヒントだよ。

ヒントイラスト

イラストも手がかりにしてみてね。

ステージのさいごには **ボーナスもんだいも！**

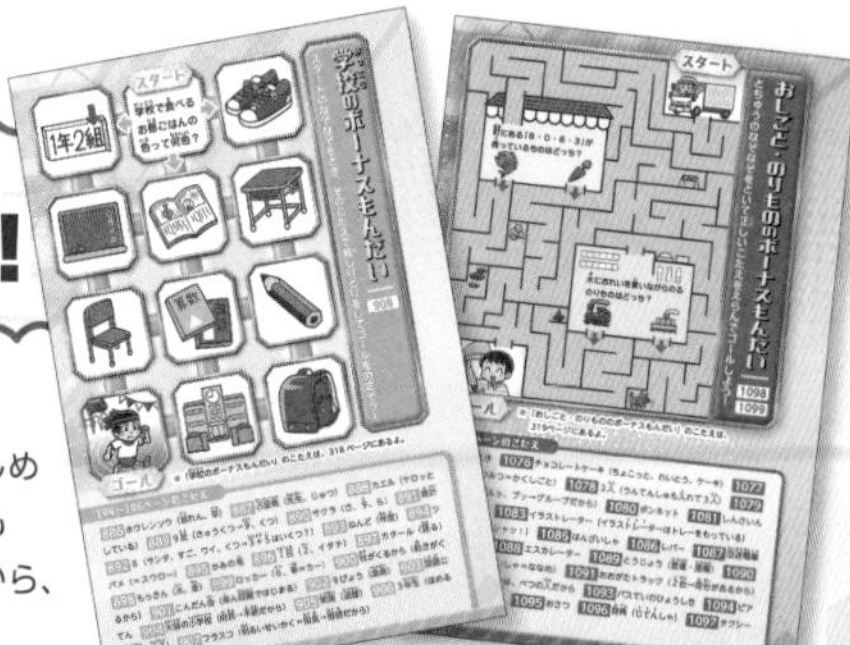

ここではめいろを楽しめるよ。めいろの中にもなぞなぞが出てくるから、といてクリアしよう！

もくじ

おうちの方(かた)へ……2
この本(ほん)の見方(みかた)……3
ステージ1 食(た)べもののなぞなぞ……6
ステージ2 生(い)きもののなぞなぞ……58
ステージ3 学校(がっこう)のなぞなぞ……108
ステージ4 おしごと・のりもののなぞなぞ……148
ステージ5 きせつのなぞなぞ……178
ステージ6 みぢかなもののなぞなぞ……218
ステージ7 しゅみのなぞなぞ……264
ステージ8 せかいやうちゅうのなぞなぞ……294

ボーナスもんだい

食(た)べもののボーナスもんだい……57
生(い)きもののボーナスもんだい……107
学校(がっこう)のボーナスもんだい……147
おしごと・のりもののボーナスもんだい……177
きせつのボーナスもんだい……217
みぢかなもののボーナスもんだい……263
しゅみのボーナスもんだい……293
ボーナスもんだいのこたえ……318

とうじょうするなかまたち

3人といっしょにVRせかいのたびに出よう！

「おれたちが1番に
クリアするっきゃ
ないな！」

マコト

こうきしんおうせいな男の子。ミノリとはおさななじみ。

「どんなステージが
まって
いるんだろう！」

ミノリ

たよれるしっかりものの女の子。マコトとはおさななじみ。

「このせかいの
あんないは
まかせるワン♪」

ナゾ犬師匠

VRせかいのナビゲート犬。なぞなぞのことは何でも知っている。

ステージ1

食べもののなぞなぞ

ここがチラシにあった「VRたいけんかい」の会場か〜！
VRワールド
体験会
マコト
ミノリ
どんなことができるんだろう〜♪
VR体験会
ようこそ！こちらのヘッドセットをどうぞ♪
はい♥
わーい！
VRのせかいへ行ってらっしゃ〜い！
カポッ
パッ
おおっ!?

※VR＝バーチャルリアリティー

ここが「はじまりの地」…
おっ？新しいチャレンジャーだワンね？
「なぞなぞワールド」へようこそ！
おいらはきみたちをナビゲートするナゾ犬師匠！
「師匠」とよべワン！
ここには8つのステージがあってたくさんのなぞなぞがしゅつだいされるワン
でもいまだすべてクリアしたものはいない！
へ～！すごくむずかしいんだね！
それじゃあおれたちが1番にクリアするっきゃないな！もえるぜ～！
ふふふ…きみたちにできるかおてなみはいけんワン！
さいしょのステージへワープだワン！
わあ！

すっご～い！食べものでいっぱいだぁ♪
カレーにナポリタンにハンバーガー…ぜんぶうまそ～♡
食べもののなぞなぞステージだワン！
ここでは食べものにかんするなぞなぞが出てくるワン
それじゃあこてしらべにチュートリアルもんだい！
おっしゃ！ドーンと来ーい！
第1問！
クリア！
スタート
トロはトロでも、ゆうしょうするともらえるトロってなーんだ！
「トロ」かぁ～おいしそう…
ゆうしょうすると…？う～ん…
ぐぅ～